누가
아메리칸 드림을
훔쳐갔는가 Ⅱ?

WHO STOLE THE AMERICAN DREAM Ⅱ?

새로운
내용을 담은
완전 개정판

누가 아메리칸 드림을 훔쳐갔는가 Ⅱ?

WHO STOLE THE AMERICAN DREAM Ⅱ?

버크 헤지스 지음 / 이유진 옮김

여러분의 상사가 아직도
여러분이 읽을까 봐 겁내는 바로 그 책!

개정판을 펴내며

네트워크 마케팅 역사에 베스트셀러로 기록된 『누가 아메리칸 드림을 훔쳐갔는가?』의 초판을 출간하고 나서 시간이 꽤 흘렀다. 정확히 말해 15년이라는 세월이 지나갔다. 나는 이 책을 1991년 여름부터 가을까지 집필했고 그것이 시중에 나온 것은 그해 12월이었다. 이후 15년간 내가 목격한 수많은 변화를 생각하면 간담이 서늘할 지경이다. 머릿속에 떠오르는 대로 몇 가지 예를 적어보겠다.

1991년 당시에는 상업적인 인터넷이 없었다. 이메일? 하이브리드 자동차? GPS 네비게이션? 모두 없었다. 시애틀에서 조금만 벗어나면 스타벅스도 없었다. DVD 플레이어? 무료 장거리 전화? 발신자 번호 표시 서비스? 위성 TV? 위성 라디오? 평면 TV? 고화질 TV? 노트북? MP3 플레이어? 아이팟? PDA(개인 휴대용 단말기)? 블랙베리? 디지털카메라? 디지털캠코더? 직불카드? 믿기 힘들겠지만 이 모든 것이 그때는 존재하지 않았다. 그저 팩스기 정도가 있을 뿐이었다.

1991년, 휴대전화는 투박하고 비쌌으며 기능이 별로 없는데다 서비스가 제한적이었다. 벨소리, 카메라, 달력, 게임, 전화번호부, 음성 인식 기능은 상상 속에서나 가능했다.

1991년, 미국은 수입보다 수출을 더 많이 했다. 당시 베를린 장벽이 붕괴된 지 얼마 지나지 않았고 소비에트연합은 한창 자본주의 국가로 전환하는 중이었다. 그리고 중국과 인도는 제3세계 국가였다. GM은 세계에서 가장 규모가 크고 가장 높은 수익성을 자랑했으며 항공사들도 활황을 지속했다. 가솔린 가격은 갤런당 1.04달러에 불과했고 대학등록금은 아직 감당할 만했다. 당시 수천 명의 직원을 해고한 기업은 주가 상승이 아닌 주가 하락을 경험했다. 월마트는 식료품을 판매하지 않았으며 폭스TV는 갓 출범한 신생 방송사였다. 아랍권에서는 이라크가 쿠웨이트를 침공함으로써 최초의 걸프전을 촉발했다.

1991년, 나는 『누가 아메리칸 드림을 훔쳐갔는가?』의 초판을 펴내면서 책을 집필한 기본 전제를 다음과 같은 말로 설명했다.

"누군가, 좀 더 정확히 말하면 어떤 거대한 무리가 아메리칸 드림을 훔쳐갔다. 그것도 뼈 빠지게 일하고 있는 우리의 눈앞에서 말이다."

안타깝게도 이런 일은 지금도 일어나고 있다. 그들이 훔쳐간 것은 아메리칸 드림 그 자체가 아니다. 아메리칸 드림은 여전히 우리의 현실에 존재한다. 그들이 훔쳐간 것은 그것을 이룰 우리의 능력과 이룰 수 있다는 믿음이다. 우리는 아메리칸 드림을 되찾아야 한다. 이번에 완전히 새로 선보이는 본 개정판을 통해 어떻게 아메리칸 드림을 되찾을 수 있는지 확인해 보기 바란다.

헌 사

내가 어릴 적에 세상을 떠난 아버지 버크 O. 헤지스와
'**자유기업의 혜택**'이라는 위대한 권리를 누릴 준비가 된
모든 사람에게 이 책을 바친다.

버크 헤지스의 다른 책

- 누가 아메리칸 드림을 훔쳐갔는가?
- 1루에 발을 붙이고는 2루로 도루할 수 없다!
- 당신이 1인 기업이다
- 카피캣 마케팅
- 드림비즈닷컴
- 파이프라인 우화

차례

Contents

개정판을 펴내며 · 4
서문/ 인생에서 가장 중요한 순간을 찾아 · 11

제1부 아메리칸 드림
제 1 장 아메리칸 드림의 신화 · 30
제 2 장 도대체 왜? · 36

제2부 누가, 왜 아메리칸 드림을 훔쳐갔는가
제 3 장 피라미드 사기 · 44
제 4 장 불법적 피라미드 사기 · 48
제 5 장 합법적 피라미드 사기 · 59
제 6 장 더 이상 안전은 없다 · 82
제 7 장 여러분의 대안은 무엇인가 · 98

누가 아메리칸 드림을 훔쳐갔는가? II

제3부 전통적인 방식이 더 이상 통하지 않는 이유
제 8 장 패러다임-100달러짜리 말, 100만 달러짜리 아이디어 · 106
제 9 장 왜 네트워크 마케팅인가? 변화해야 하기 때문이다 · 118
제10장 스스로에게 '유통'이란 말을 속삭여보라 · 129
제11장 최대 우위 · 137

제4부 네트워크 마케팅에 관한 진실
제12장 네트워크 마케팅은 무엇이며 어떻게 움직이는가 · 148
제13장 네트워크 마케팅이 그렇게 좋다면
왜 우리는 그것에 관한 진실을 듣지 못했을까 · 173

제5부 네트워크 마케팅 그리고 여러분!
제14장 여러분은 죽은 말을 타고 있는가 · 198
제15장 왜 네트워크 마케팅은 폭발적으로 성장하고 있는가 · 210

감사의 말 · 231

"나는 신사다. 나는 가난한 사람들의 돈을 털어서 살아간다."

- 조지 버나드 쇼, 아일랜드 극작가 및 사회비평가

서문

인생에서 가장
중요한 순간을 찾아

뭔가 느낌이 좋지 않았다!
현관문에 열쇠를 꽂는 순간, 나는 이상한 불안감에 휩싸였고 마치 감전이라도 된 듯 두 팔과 손등에 소름이 돋았다. 또한 갑자기 속이 텅 빈 것 같은 느낌이 들면서 이상하게 메스껍기까지 했다.
나는 문을 열고 조심스럽게 안으로 들어갔다. 불안감은 좀처럼 가시지 않았다. 아니, 불안감을 넘어 이젠 통증이 느껴질 정도였다. 나는 집 안을 쓱 둘러보았다.
'분명 내 집이 맞는데…….'
모든 것이 제자리에 있었음에도 이상한 불안감은 여전히 내 마음을 뒤흔들었다. 오히려 그것은 시간이 지날수록 점점 더 심해졌다.

바로 그때 텅 빈 공간이 눈에 들어왔다. TV 아래 DVD 플레이어가 있던 자리가 휑하니 비어 있었다. 이런, 비디오가 어디로 사라진 거지!?

"맙소사!"

나는 머리를 감싸 쥐며 생각했다.

'또 뭘 훔쳐갔지?'

| 도둑이야! |

누군가가 내 집에 침입해 집 안 여기저기에 놓여 있던 물건들을 쓸어갔다. 가족의 물건 중에서 제법 쓸 만한 것이 놓여 있던 자리는 곳곳이 빈 공간으로 남아 있었다. 세상에, **아이들의 물건까지 훔쳐가다니!**

어찌나 황당했던지 나는 평생 그 느낌을 잊지 못할 것 같다. 만약 여러분이 이런 일을 겪는다면 그 느낌을 오래도록 잊기 힘들 것이다. 벌써 몇 년 전에 겪은 일이지만 그때를 생각하면 지금도 기분이 언짢아진다.

그 느낌은 지금도 뭐라 표현하기 어려울 정도로 끔찍했다. 그 치욕감, 사생활이 완전히 노출된 듯한 더러운 기분, 무엇보다 손쓸 겨를도 없이 당하고 말았다는 무력감에 화가 났다!

누군가가 내 영역에 침입해 내 것을 훔쳐갔을 때 우리는 이러한 감정을 느낀다. 내가 모르는 사이에 내 소중한 물건이 사라지는 것만큼 황당한 경험도 드물다.

단순히 물질적인 것(내가 일주일 내에 다시 구입해 제자리에 갖다 놓은 물건들)을 도둑맞아도 그 후유증은 상당하다. 그렇다면 만약 누군가가 소중히 간직하고 있던 내 꿈을 빼앗아갔을 경우에는 얼마나 황당하고 분하고 무력감에 시달리게 될지 상상해 보라.

실제로 그 '누군가'가 우리에게서 꿈을 빼앗아갔다. 좀 더 정확히 말하면 어떤 거대한 무리가 아메리칸 드림을 훔쳐갔다. 그것도 뼈 빠지게 일하고 있는 우리의 눈앞에서 말이다. 우리는 제멋대로 행동하는 그들에게 꿈과 희망을 빼앗기고 미래를 도둑맞았다. 그들은 우리의 이러한 희생으로 부자가 된 것이다.

| 신화가 된 아메리칸 드림 |

아메리칸 드림은 마치 신화 속 이야기처럼 낯선 것이 되고 말았다. 그것은 현실성이 없어서도, 이미 지나가버린 과거의 일이어서도 아니다. 더 이상 그것을 성취하는 것이 불가능해졌기 때문도, 우리에게 그것을 취할 자격이 없기 때문도 아니다. 절대로 그렇지 않다!

아메리칸 드림이 신화가 된 이유는 우리가 자라온 방식과 아메리칸 드림을 이루기 위해 우리가 해야 한다고 배운 것들이 이제는 통하지 않기 때문이다. '대학졸업장을 받고 직장에서 승진가도를 달리거나 소규모 비즈니스를 창업해 마침내 꿈을 이루는' 일련의 공식 자체가 속임수일 수도 있다. 갈수록 많은 사람이 이것은 권력을 쥔 이들이 이용하는 수법이자 사기극이라고 생각한다. 충분치 않은 돈을 벌기 위해 우리가 많은 시간을 희생해가며 평생 일한 대가로 그들만 더 부자가 된다는 얘기다!

단순히 이런 생각을 하는 것만으로도 나는 우리 집에 도둑이 들었을 때와 똑같은 감정에 휩싸인다. 한 가지 예외가 있다면 이번에는 무력감을 느끼지 않는다는 것이다. 더 이상은 그럴 필요가 없다. 아메리칸 드림을 이룰 방법을 찾아냈기 때문이다. 그러나 평범한 사람들을 위한 이 방법을 설명하기 전에 여러분에게 몇 가지 질문을 하고자 한다.

| 아메리칸 드림이란? |

일류대학에 들어가 빛나는 졸업장을 받는 것이 아메리칸 드림일까? 물론 그런 식으로 꿈을 실현하는 사람도 있다. 그렇다면 과연 졸업장을 등에 업고 꿈을 이루는 사람은 몇 명이나 될까? 미국 정부와 소위 미국 주식회사(corporate America)라고 불리는 재계에서 의사, 변호사, 인디언 추장들도 더 이상 예전 같은 미래를 기대할 수는 없지 않은가? 오늘날 자신의 전공 분야에서 일하는 대졸자가 몇 명이나 되는가? 10년 후 아니, 5년 후에도 여전히 지금 하는 일에 종사하는 사람이 몇 명이나 될까? 기껏해야 100명 중 한 명일 것이다.

무엇이 아메리칸 드림일까? 좋은 직장에 들어가는 것일까? 생계를 위해 일하는 것일까? 여러분은 시간과 노력을 투자해 여러분의 가치에 걸맞은 돈을 벌 수 있는가? 나아가 경제적으로 자립하고 성취감을 느끼며 자유를 누리는 직업을 얻을 수 있는가?

여러분은 최초 심근경색의 절반 이상이 월요일 아침 여덟 시에서 열 시 사이에 발생한다는 사실을 알고 있는가? 이는 사람들이 '직장에 나가는 것을 죽기보다 싫어한다'는 방증이다!

미국 주식회사에는 더 이상 충성도, 안정도 없다. GM은 3만 명의 근로자를 해고했고 포드는 북미 지역 내에 위치한 10여 개 이상의 공장을 폐쇄했다. 중국과 인도는 마치 금광 도시처럼 번성하고 있는데, 한때 세계 경제를 주름잡던 G8 선진국은 실업률 20퍼센트를 향해 꾸준히 나아가고 있다(스페인, 프랑스, 독일의 젊은이들은 이미 거기에 포함되어 있다!).

그렇다면 소규모 사업체를 창업하는 것은 어떨까? 그것이 아메리칸 드림을 성취하는 길일까? 나는 직접 비즈니스를 운영해 100만 달러를 벌기도 했다. 그런데 그 돈을 벌기 위해 투자한 금액이 무려 120만 달러에 달했다!

여러분은 소규모 사업체의 90퍼센트가 창업 첫해에 망한다는 사실을 알고 있는가? 거기서 살아남은 사업체의 80퍼센트가 향후 5년 내에 문을 닫고, 또다시 운 좋게 살아남은 사업체의 80퍼센트도 결국 10년을 버티지 못한다는 사실을 알고 있는가? 이는 곧 100개의 소규모 사업체 중에서 단 하나의 사업체만 10년 이상 존속한다는 의미다.

이 결과를 놓고 보면 전통적인 소규모 사업체를 운영하는 것은 아메리칸 드림을 성취하는 올바른 방법이 아니다. 그렇지 않은가? 내가 '전통적인' 사업체라고 말한 것에 주목하라.

| 우리가 살아가는 시대 |

우리는 통념에 얽매이지 않는 시대에 살고 있고 이 시대는 어떤 일을 할 때 통념에서 벗어난 방법을 요구한다. 이 시대가 필요로 하는 것은 새롭고 차별화된, 그러면서도 보다 나은 방법이다. 예전에 생성, 성장, 성숙에 족히 50년은 걸리던 아이디어가 지금은 5년, 아니 그보다 더 짧은 시간 내에 완성된다.

예를 들어 라디오는 5,000만 명의 청취자에게 도달하는 데 38년이 걸렸다. TV는 5,000만 명의 시청자가 즐기는 데 13년이 걸렸다. 그러나 인터넷은 5,000만 명의 이용자를 끌어 모으는 데 고작 4년밖에 걸리지 않았다!

지금은 모든 것이 변하고 있다. 더구나 그 변화 속도가 어찌나 빠른지 몇 년 전만 해도 대단한 성공신화로 통하던 것이 오늘날에는 시대에 뒤떨어진 이야기가 되어버린다. 가령 VHS 레코더를 생각해보자.

만약 여러분이 1980년대나 1990년대 초반에 VHS 레코더 또는 테이프를 제조하는 사업을 성황리에 운영했다면, 아마도 여러분은 백만장자보다 훨씬 더 큰 부자가 되었을 것이다. 하지만 오늘날에는 어떠한가? VHS 레코더 산업은 **이미 시장에서 사라져버렸다!** DVD의 공세를 받은 VCR은 참패를 면치 못하고 선반에서 밀려났다. DVD 플레이어는 공간을 덜 차지하고 더 좋은 음질과 화질을 제공할 뿐 아니라, 옵션이 많으면서도 사용법이 쉬우니 당연한 일 아닌가.

VHS여, 고이 잠드소서.

그렇다고 DVD가 언제까지나 왕좌를 차지할 수는 없을 것이다. 이 글을 쓰고 있는 지금은 DVD가 우쭐대고 있지만 시시각각 변화하는 전자제품 산업의 속성상 DVD의 생명력도 그리 길지 않을 듯하다. 실제로 중국은 DVD를 대체할 고화질 EVD(Enhanced Versatile Disk)를 선보이며 전의를 불태우고 있다. 어디 그뿐인가. 어느 이름 모를 연구실에서 어떤 기술 천재가 디지털 기술을 쓰러뜨릴 새로운 기술을 개발하느라 구슬땀을 흘리고 있을 게 분명하다.

이제 큰 그림이 눈에 들어오기 시작하는가?

| 미래는 지금이다 |

　내일의 일은 이미 오늘 벌어지고 있다. 만약 이것을 모르고 앞으로 다가오는 일을 예측하지 못한다면 여러분은 남들에게 뒤처지고 말 것이다. 그것도 단지 한두 걸음이 아니라 몇 십 리 밖으로 말이다! 더욱이 그 변화 속도가 너무 빨라 여러분은 결코 따라잡지 못한다!

　만약 여러분이 아직까지 첨단을 걷는 혁신기술 분야에서 최고의 자리에 오르지 못했다면, 다시 말해 오늘 미래를 바라보고 일하지 않는다면, 미래에 무엇을 하든 정상에 오를 가능성은 채 1만 분의 1도 되지 않는다. 이 말은 부정할 수 없는 사실이다. 여러분에게 돌아오는 자리는 공항 수하물 검시관 같이 단순반복적인 하급 공무직 아니면 성취감을 느끼기 어려운 저임금 서비스직 정도에 불과할 것이기 때문이다. 이는 똑똑하고 유능한 사람들이 현재를 선도하는 것은 물론 보다 중요한 미래까지 이어질 커리어를 찾아 떠난 후에 남는 자리를 치워 주는 격이다.

　주위를 둘러보라. 이런 일은 이미 진행되고 있다. 마이스페이스닷컴(MySpace.com), 페이스북닷컴(Facebook.com), 유튜브(YouTube)의 창립자 같은 최첨단 산업의 기업가는 닷컴 버블 붕괴 이후에도 인터넷에서 돈을 긁어모으며 현재와 미래를 선도하고 있다. 일례로 유튜브를 만든 사람들은 창업한 지

겨우 1년 만에 회사를 16억 5,000만 달러에 구글에 매각했다.

배가 아프지 않은가? 오, 컴퓨터광이라도 될 것을!
안타깝지만 요기 베라(Yogi Berra : 과거 뉴욕 양키스에서 활약한 포수이자 지도자로 "끝날 때까지는 끝난 게 아니다[It ain't over till it's over]"라는 유명한 말을 남겼다 – 옮긴이)의 말을 슬쩍 비틀어서 인용하면, "미래는 과거가 아니다(The future ain't what it used to be)."

| 변화하는 미국의 직장 |

여러분은 대규모 철강회사와 미국의 다른 중공업 회사들이 화려한 전성기를 되찾을 거라고 생각하는가? 설사 그런 시절이 오더라도 근로자 임금의 절반도 안 되는 비용으로 실수 없이 일을 더 잘 처리해서 근로자 20명을 쫓아낸 로봇과 자동화 기계를 누가 능가할 수 있겠는가? 오늘날 디트로이트, 피츠버그, 클리블랜드에서 고임금의 공장 일자리를 한번 찾아보라. 사람들이 그런 일자리를 '사양화한' 직업이라고 부르는 데는 그만한 이유가 있다.

현실을 직시하자. 블루칼라 직종은 이제 씨가 마르고 있다. 내 말이 과장이라고 생각하는가? 포드는 2012년까지 미국 내에서 7만 5,000명의 직원을 해고하고, 북미 지역에 위치한 공장 10여 개 이상을 폐쇄할 계획이다. 또한 3대 고급 브랜드인

재규어, 랜드로버, 링컨의 생산 중단을 심각하게 검토하고 있다. GM은 이미 14개 공장을 폐쇄했으며 미국 및 캐나다에서 3만 개의 일자리를 영구적으로 감축할 계획이다.

한때 안전하던 일자리가 영원히 사라지고 있는 것이다. 더 심각한 것은 이러한 현상이 그저 시작에 불과하다는 사실이다.

그렇다면 화이트칼라 근로직의 상황은 어떠할까? 관료주의적인 단어 하나로 대답을 하자면 화이트칼라는 **'아웃소싱'**의 희생양이 되고 있다. 미국은 향후 10년간 고임금 화이트칼라 근로자 600만 명의 일자리를 인도에 아웃소싱할 것이다. 아웃소싱 대상은 콜센터뿐이 아니다. 정보기술 부문 전체가 인도로 아웃소싱될 것으로 보인다. 여기에는 회계, 보건의료, 은행 업무 및 사무지원 부문, 소프트웨어 설계 및 생산 부문도 포함된다. 심지어 영화 제작도 아웃소싱 대상이다.

이러한 아웃소싱으로 돈은 덜 쓰고 수익은 늘리는 사람들은 최고의 자리에 있는 기득권층과 주식을 매입하는 대가로 CEO들에게 '짠돌이 경영(leaner and meaner)'을 요구하는 헤지펀드 매니저들이다. 그러니 부유층만 점점 더 부자가 되는 게 당연하지 않은가.

결국 부익부 빈익빈이란 말인가? 우리 모두 그 대답을 알고 있지 않은가!

대학졸업장, 기업에서의 커리어, 소규모 사업체, 블루칼라 근로자, 화이트칼라 근로자가 향하는 곳은 모두 불완전 고용 상태가 아니면 인력의 해외 아웃소싱이다. 그렇다면 이제 우리가 아메리칸 드림을 되찾기 위해 관심을 돌려야 할 곳은 어디인가? 대체 무엇이 남아 있는가? 남은 것은 삶을 영위하고 일을 해나가는 또 다른 방식인 네트워크 마케팅뿐이다.

네트워크 마케팅은 오늘날 우리가 사용하는 모든 상품 및 서비스의 이용이 가능한 강력한 유통구조를 띠고 있다. 이것은 일과 삶을 영위하는 보다 나은 방식이며 직업이나 신분에 상관없이 누구나 참여할 수 있는 검증된 사업이다. 또한 평범한 사람들이 아메리칸 드림을 이룰 수 있는 방법이기도 하다. 이 책이 이야기하고자 하는 모든 것이 바로 네트워크 마케팅에 담겨 있다!

| 네트워크 마케팅의 진실을 알 권리 |

여러분은 다음의 셋 중 한 가지 방식으로 미래에 네트워크 마케팅과 만나게 될 것이다.

① 여러분은 성공하는 사람들에 속한다.
② 여러분은 성공한 사람들을 지켜보는 사람들에 속한다.
③ 여러분은 "대체 무슨 일이 일어난 거야?" 하고 의아해하는 사람들에 속한다.

얘기는 간단하다. 여러분은 네트워크 마케팅을 통해 특별한 인생을 누리는 수백만 명 중 하나가 되거나, 아니면 그들이 누리는 삶을 부러워하는 사람 중 하나가 될 거라는 말이다. 그것도 아니면 '나도 그렇게 했더라면 좋았을 걸' 하며 후회하는 사람이 된다.

장담하건대 만약 여러분이 21세기 중반에 네트워커로 일하지 않는다면, 여러분은 그들에게 물건을 사거나 그들이 유통시키는 물건을 만드는 일을 할 것이다. 그들을 위해 봉사하는 업종에서 일하거나 그들에게 서비스를 제공하는 사람 중 하나가 되어 있을 확률도 높다.

지나친 호언장담이 아니냐고? 물론 지나친 말로 들릴 수도 있다. 그러나 이것은 내 경험에서 우러나온 말이다.

| 내 경험담 |

여러분 대다수가 그렇듯 나 역시 아메리칸 드림을 도둑맞았던 사람이다. 나는 마음 깊은 곳에서 뼈저린 상실감을 느꼈다. 빈털터리가 되어 기본적인 생활비는커녕 아이들의 양육비도 제대로 벌지 못해 하루하루가 두렵고 버거웠기 때문이다. 그때는 휴가도, 재미있는 일도 심지어 미래도 없었다. 그저 좌절과 분노에 사로잡힌 채 아무것도 바꿀 수 없다는 무력감에 사로잡혀 있었다.

그러던 어느 날 나는 네트워크 마케팅을 알게 되었다. 물론 나도 처음에는 많은 사람이 그렇듯 별로 마음이 내키지 않았다. 너무 이상적이라 현실성이 없어 보였던 까닭이다. 혹시 내게 물건을 팔아먹으려는 수작이 아닐까 싶어 긴장하기도 했다. 한마디로 내가 처음 접한 네트워크 마케팅은 피라미드 사기처럼 보였다.

'그냥 갈까? 에이, 한번 알아보기나 하자. 그런다고 돈이 드는 것도 아닌데.'

마음의 갈등이 일었다. 혹시 그들이 말하는 것이 사실이라면? 정말로 나를 아메리칸 드림으로 인도해줄 티켓이라면? 생각해보니 나는 더 이상 잃을 것도 없었다.

사람 마음은 낙하산과 같다고 한다. 활짝 펴지지 않으면 아무 소용이 없다는 의미다. 다행히 나는 마음을 활짝 열어 보이기로 했다. 의심과 불신을 내려놓고 네트워크 마케팅을 자세히 알아보기로 했다.

내가 먼저 알게 될 사실은 네트워크 마케팅이 아주 간단하다는 것이다. 손해보험사정인 시험에 떨어져 시급 5.5달러를 받으며 보트를 만들던 나도 쉽게 시도할 수 있을 정도였다. 여기에다 재미도 있었고 나를 도와주는 사람도 많았다. 나는 수백, 나아가 수천 명의 인생에 강력하고 긍정적인 변화를 일으킬 수 있었다. 물론 돈도 벌었다. 그것도 내가 꿈꾸었던 것보다 훨씬 더 많은 돈을 벌었다!

그렇지만 내 경험, 내 생각이 여러분과 무슨 상관이 있겠는가? 중요한 것은 여러분이 무엇을 하고 어떻게 생각하느냐 하는 것이다.

| 중요한 것은 여러분의 생각이다 |

네트워크 마케팅은 여러분에게 적합한가? 여러분은 네트워크 마케팅으로 성공할 수 있는가?

나는 그 대답을 알지 못한다. 내가 아는 것은 여러분에게는 네트워크 마케팅의 진실을 알 자격이 있다는 사실이다. 내 말은, 혹시라도 위의 질문에 대한 대답이 "그렇다"라면 한번 시도해볼 만하다는 뜻이다.

진실, 온전한 진실, 오로지 진실 그 자체만을 알아보기 위해 여러분이 치러야 하는 것은 무엇일까? 기껏해야 이 책 한 권 값과 이 책을 읽는 데 들어가는 몇 시간이 전부다. 분명히 약속하건대 그 시간과 돈은 충분한 투자 가치가 있다. 내가 볼 때 네트워크 마케팅은 미래의 대세이기 때문이다.

네트워크 마케팅이 '개인 프랜차이즈'로 불리는 데는 합당한 이유가 있다. 무엇보다 네트워크 마케팅은 자유기업에 진정한 자유를 돌려준다. 네트워크 마케팅은 여러분과 나 같은 평범한 사람들이 평범함을 뛰어넘는 삶을 누리도록 해주는, 세상에서 가장 좋은 방법이자 유일한 방법이다.

물론 이것은 어디까지나 내 생각이다.

러시아 작가 이반 투르게네프의 소설 『아버지와 아들』에 보면 이런 말이 나온다.

"다른 사람들의 의견은 중요하지 않다. 정말로 중요한 것은 바로 내 의견이다."

이 말대로 중요한 것은 네트워크 마케팅에 대한 여러분의 생각이다. 그렇지 않은가? 내 생각이 어떠한지는 그다지 중요하지 않다. 여러분은 여러분 자신의 생각을 알아야 한다. 진정으로 중요한 것은 여러분이 네트워크 마케팅을 어떻게 생각하고 느끼느냐 하는 것이다. 한마디로 여러분은 네트워크 마케팅이 여러분에게 잘 맞을지 알아야 한다.

이것만은 약속할 수 있다. 만약 여러분이 시간을 내서 누가 아메리칸 드림을 훔쳐갔는지 알아본다면, 그리고 네트워크 마케팅을 통해 그것을 되찾을 수 있다고 확신한다면, 여러분은 네트워크 마케팅이 여러분에게 적합한지 아닌지 알게 된다.

| 변명하지 마라 |

여러분 가운데 누군가는 네트워크 마케팅을 외면하면서 이런저런 변명을 할 것이다. 가령 "시간이 없어요", "나에게 맞지 않아요", "새로운 것을 시도하기엔 내 나이가 너무 많아요" 등 마음만 먹으면 변명쯤이야 백 가지라도 댈 수 있다.

사람들이 푸념하듯 쏟아내는 변명들을 듣고 있자면 어떤 남자의 이야기가 떠오른다.

한 남자가 마당의 잔디를 깎으려다 잔디 깎는 기계가 고장이 났다는 것을 알게 되었다. 그는 이웃집에 가서 잔디 깎는 기계를 빌려달라고 부탁했다. 그때 이웃집 남자가 말했다.

"미안합니다. 지금 아내가 소고기 요리를 하고 있어서 잔디 깎는 기계를 빌려드릴 수가 없네요."

이웃집 남자의 말에 놀란 그 남자가 물었다.

"당신의 아내가 소고기 요리를 하는 것과 나에게 잔디 깎는 기계를 빌려주는 것이 무슨 상관이 있나요?"

그러자 이웃집 남자가 차가운 눈빛으로 그를 바라보며 대답했다.

"내가 잔디 깎는 기계를 빌려주기 싫은데 어떤 변명을 하든 상관없지 않소!"

| 잃을 것이 없다 |

여러분은 어떠한가? 혹시 이 분야를 알아보고 싶지 않아서 전혀 상관없는 변명을 늘어놓고 있지는 않은가? 만약 평생 쓸 돈을 이미 벌어놓았고 그 돈을 쓸 시간과 자유가 있다면, 여러분은 네트워크 마케팅에서의 성공 가능성을 굳이 알아볼 필요가 없다.

그러나 만약 여러분이 대부분의 다른 이들과 마찬가지로 미래가 보장되어 있지 않다면, 급성장하는 이 분야를 알아본다고 해서 손해 볼 것은 없다. 오히려 뭔가 얻을 것이 분명하다. 네트워크 마케팅을 알아보는 데 지금보다 더 좋은 때는 없다!

네트워크 마케팅이 여러분에게 적합하다는 판단이 들 경우, 훗날 여러분은 그 순간이야말로 인생에서 가장 중요한 순간이었노라고 회고하게 될 것이다!

　어쩌면 인생에서 가장 중요한 순간은 여러분이 다시 인생의 주인공이 되기 시작한 특별한 순간일 수도 있다. 아니면 아메리칸 드림의 자유, 안정, 행복을 다시 느끼기 시작한 순간일 수도 있다. 나아가 여러분이 아메리칸 드림, 다시 말해 여러분 자신의 아메리칸 드림을 꿈꾸기 시작한 순간일 수도 있다!

제1부

아메리칸 드림

제1장 아메리칸 드림의 신화

"미국은 작은 꿈을 꾸기에는 너무 넓고 큰 나라다."

- 로널드 레이건 대통령

여러분의 아메리칸 드림은 무엇인가? 분명 여러분 나름대로 아메리칸 드림을 간직하고 있을 것이다. 사실은 우리 모두가 그렇다. 백만 명에게 꿈을 들려달라고 말하면 제각기 독특하고 뚜렷한 백만 가지의 대답이 나온다. 하지만 아무리 꿈이 다를지라도 여기에는 몇 가지 공통점이 존재한다.

> 우리는 모두 자유를 원하고 자기 자신과 가족의 안정을 바란다.
> 우리는 지금보다 더 많은 돈이 있었으면 하고 바란다.
> 우리는 건강과 행복을 원한다.
> 우리는 의미 있고 성취감을 느낄 수 있는 일을 하고 싶어 한다.
> 우리는 스스로를 돕고 남도 도울 수 있기를 바란다.

사람은 본래 현재 갖고 있지 못한 것을 원하게 마련이다. 우리는 더 많은 돈과 돈으로 살 수 있는 것을 즐길 시간을 원한다. 여러분도 그렇지 않은가? 그런데 서글프게도 많은 사람이 원하기만 할뿐 실제로 그렇게 살아가지 못한다. 가령 살 곳을 정할 때 그것이 집이든 지역사회든 대개는 선택할 수 있는 폭이 매우 한정적이다. 그 이유는 단지 경제적으로 여의치 않기 때문이다.

오늘날 수천 만 명이 자신이 꿈꾸는 것과 거리가 먼 삶을 살아가고 있다. 그렇지 않은가?

| 아메리칸 드림의 진실 |

우리가 원하는 것에는 또 무엇이 있을까? 예를 들면 자녀를 위한 최상의 교육 환경, 여행과 휴가, 오락과 레크리에이션, 근사한 외식, 새 옷, 오랜 친구와 보낼 시간, 새로운 친구를 사귈 기회, 여러 가지 값진 것 그리고 우리의 꿈을 실현하게 해줄 장래성 있는 일 등이 있다.

그렇다면 현실은 어떠한가? 마침내 꿈에 그리던 멋진 차를 사고 나면 그 후에는 주머니 사정 때문에 집 안에 틀어박혀 지내야 한다! 즐길 시간이 없을 수도 있다. 유감스럽게도 우리는 정말로 원하는 것 중에서 한 가지만 선택하고 나머지는 단념해야 하는 처지에 놓여 있다. 언제나 원하는 것보다 덜 얻는 데 익숙해져 이런 상황이 일종의 생활 방식처럼 굳어져버렸다!

현대인은 자신이 진정으로 원하고 잘할 수 있는 일을 하며 살아가는 자유를 누리지 못하고 있다. 오로지 밥벌이를 위해 좋아하지도 않는 일 심지어 싫어하는 일에 얽매여 살아간다. 나도 그랬다. 나는 시간당 5.5달러를 받으며 나보다 훨씬 더 많은 돈을 버는 누군가의 보트를 만드는 일도 했고, 일주일에 150달러(팁을 포함한 금액!)를 받으며 웨이터로 일한 적도 있다. 그런 일은 정말 지긋지긋했다. 어디로 나아가겠다는 목표가 없었고 그저 하루 일이 끝나면 동료들과 어울리며 시간을 보냈다.

그때 나는 나 자신에게 물었다.
"고작 이게 다야?"
꿈속에서도 그 소리가 들려왔다.
"고작 이게 다냐고, 이 친구야!"

인생이 수렁에 빠져 있었음에도 하던 일을 때려치우고 뭔가 더 나은 기회를 찾아다닐 엄두가 나지 않았다. 시간당 5.5달러를 받고 일하기엔 나 자신이 아깝다는 생각이 들었지만, 그 수입으로 생계를 유지해야 했고 부양할 가족도 있었다.

어디서 많이 듣던 소리가 아닌가?

미국인 중 인구의 1퍼센트만 연간 10만 달러 이상의 수입을 올리고 있다. 현실적으로 그 정도 수입은 있어야 경제적 안정권에 진입할 수 있는 데 말이다. 결국 나머지는 그 반대의 삶을 살고 있는 셈이다.

| 결국은 돈이 문제 |

아메리칸 드림의 근간은 바로 경제적인 자유다. 즉, 우리가 원하는 것을 원하는 시간에 할 수 있도록 충분한 돈을 버는 것이 아메리칸 드림이다. 그렇다고 돈이 전부라는 말은 아니다. 우리가 추구하는 것은 돈 자체가 아니라 돈으로 살 수 있는 그 무언가다. 유명한 레스토랑 경영자, 투츠 쇼어(Toots Shor)는 이렇게 말한 바 있다.

"나는 백만장자가 되고 싶진 않다. 다만 백만장자처럼 살고 싶을 뿐이다."

특히 자본주의 사회에서 '자유'는 돈이 가져다주는 것 중 하나다. 돈이 있으면 건물을 짓거나 학교를 세울 수 있고 아이들에게 따뜻한 옷을 입힐 수 있다.

오늘날에는 건강까지도 돈으로 살 수 있다. 미국에서는 치솟는 의료비로 평균 소득 수준을 버는 사람들이 기본적인 의료 서비스와 적절한 건강관리를 받는 것이 사실상 불가능해졌다. 돈이 없으면 마음대로 아파서도 안 되는 실정인 것이다!

그렇다면 의료보험은 어떠한가? 거의 5,000만 명에 달하는 미국인이 의료보험 없이 살고 있다는 사실을 알고 있는가? 세계적인 선진국 중 하나인 미국에서 예순다섯 살 미만 인구의 17퍼센트에 해당하는 사람들이 단 한 번의 교통사고나 질병 발병만으로도 이내 파산 위기에 처하게 된다는 것은 서글픈 현실이 아닐 수 없다!

또한 갈수록 점점 더 많은 의사가 질병의 주범으로 스트레스를 지목한다. 돈으로 인한 걱정이나 불안보다 더 극심한 스트레스 요인이 또 있을까? 의학 보고서에 따르면 놀랍게도 부유한 사람들이 평균 소득 수준의 사람들보다 훨씬 더 건강하다고 한다. 이러니 돈으로 건강을 살 수 있다고, 그것도 아주 많이 살 수 있다고 말할 수밖에!

행복은 또 어떤가? 다른 건 몰라도 행복만큼은 돈으로 살 수 없다고들 한다. 그러나 우리는 그것이 사실이 아니라는 것을 알고 있다. 성탄절 아침에 선물을 받는 아이들의 얼굴만 봐도 알 수 있지 않은가.

자유, 안정, 돈, 건강, 행복 중에서 꼭 한두 가지만 선택하라는 법은 없다. 우리는 이 모든 것을 원하고 우리에게는 그럴 만한 자격이 있다!

| 대가를 치러야 하는 현실 |

동화의 고전 『피터 팬』을 쓴 작가 제임스 배리(James Barrie)는 이런 말을 했다.
"꿈은 이루어진다. 꿈을 위해 다른 모든 것을 희생한다면 당신은 인생에서 무엇이든 이룰 수 있다."
이 말을 믿는가? 정말로 우리가 원하는 것을 조금이라도 얻으려면 다른 모든 것을 희생해야만 하는 걸까? 가령 주택대출

금이나 집세를 내지 못한다면 우리는 얼마나 많은 자유를 누릴 수 있을까? 안정 없이 행복을 기대할 수 있을까? 건강보험료와 의료비를 부담할 형편이 되지 않는다면? (혹은 다른 누군가의 의료보험 지원에 쓰일 세금을 내기 위해 죽도록 일해야 한다면?)

무언가를 얻기 위해 다른 것을 모두 포기해야 한다면 그것을 얻는다 한들 무슨 소용이 있겠는가?

진정한 아메리칸 드림은 원하는 것을 모두 갖는 것이다. 그런데 안타깝게도 오늘날 대다수의 사람들이 인생에서 원하는 것을 가질 기회조차 얻지 못한다. 그들에게 아메리칸 드림은 실체 없는 전설이나 신화에 불과하다. 어쩌면 깜짝 놀랄 만큼 많은 사람에게 아메리칸 드림은 이미 '악몽'이 되어버렸는지도 모른다!

제2장 도대체 왜?

"여기는 미국이다. 이곳에서는 무엇이든 할 수 있다."

- 테드 터너, 케이블 TV의 선구자

월트 디즈니는 다음과 같이 말했다.

"꿈을 향해 나아갈 용기만 있다면 우리는 모든 꿈을 실현할 수 있다."

그의 말이 옳다면 사람들이 자신의 꿈을 실현하는 데 필요한 것은 오로지 '꿈을 향해 나아갈 용기'인 셈이다. 잠깐 이 문제를 생각해보자.

우리가 어린 시절에 품었던 '아이다운 꿈을 내려놓은' 것은 단지 용기가 없기 때문일까? 용기가 없어서 발레리나, 야구선수, 의사, 배우, 우주인이 되고 싶던 부푼 꿈과 포부를 포기하고 적당하게 사는 데 안주해버린 걸까?

연간 4만 달러 넘게 들여 4년제 대학을 마친 젊은이들이 사회에 나와 일자리를 구하지 못하는 이유는 그들에게 용기가 없어서일까? 설령 일자리를 구할지라도 그들이 대학에서 배운 것, 수년간 공들여 익힌 지식이나 기술 혹은 진정으로 좋아하는 것과는 무관한 일인 경우가 많다.

시대에 뒤떨어진 산업이 마치 멸종된 '공룡' 처럼 역사 속으로 사라지는 것, 기업체가 줄줄이 문을 닫거나 대기업의 손으로 넘어가는 것, 기술 진보로 수만 개의 일자리가 사라져 블루칼라 근로자 수백 만 명이 해고당하는 것, 이 모든 것이 정말 용기가 없어서 그런 것일까?

디트로이트의 자동차 공장 근로자, 피츠버그의 철강 근로자, 버지니아 남부의 석탄 광부, 휴스턴의 석유 굴착 근로자 그리고 북미 전역의 수많은 소규모 농장 농민. 이들은 모두 월트 디즈니의 말처럼 그저 용기가 부족한 것뿐일까?

똑똑하고 책임감 강하며 근면한 수많은 화이트칼라 근로자들은 또 어떠한가? 그들은 인생의 황금기를 **회사**에 송두리째 바쳐가며 열심히 일하지만 노스웨스트 항공에서는 연봉을 삭감당하고, 유나이티드 항공에서는 연금을 박탈당한다. 델컴퓨터에서는 인원 감축으로 '안정된 일자리'를 위협받으며 포드, GM, 델파이에서는 단돈 몇 천 달러를 받는 조건으로 '평생직장'에서 밀려난다. 이들 역시 용기가 없는 것일까?

주식시장에서 기록적인 수익을 올리는 주요 기업들이 대규모 직원 해고를 계획하는 작금의 상황도 살펴볼 필요가 있다. 시티코프는 매출 총이익이 지속적으로 향상되고 있음에도 전 사업 부문을 인도에 아웃소싱하고 있다. 시간당 20센트를 받고 일하는 아시아 및 동유럽의 값싼 노동력이 일자리를 잠식하면서 글로벌리제이션(세계화)은 그야말로 고블리제이션(잠식화 : 'globalization'의 global을 '삼킨다'는 의미의 동사 'gobble'로 바꾸어 만든 말 – 옮긴이)이 되어버렸다. 어느 공포영화의 광고 문구를 인용하기에 딱 알맞지 않은가.

"서구의 노동자들이여, 두려워하라. 진정으로 두려워하라."

부동산, 증권, 보험, 교육, 일반 영업, 자동차 대리점, 호텔, 식음료 서비스 등 경쟁력 높은 산업에 종사하면서 월급을 위해 매달 아등바등 일해야 하는 수백만 명의 근로자는 어떠한가? 그들은 진정 꿈을 향해 나아가는 데 필요한 용기가 부족하단 말인가.

200만 미국인(거의 50가구당 한 명)이 파산 선고를 할 수밖에 없는 것도 용기가 부족하기 때문일까? 강인하고 근면하게 일했던 근로자들이 연금을 박탈당하는 바람에 은퇴한 이후 약값을 충당하기 위해 월마트나 킨코스에서 일하는 것도 그저 용기가 없어서일까?

정말 우리에게 부족한 것은 용기일까? 용기가 부족해서 우리는 꿈을 이루지 못하는 것일까?

여러분의 꿈은 어떠한가?

여러분은 여러분이 생각한 대로(여러분이 원하고 선택한 대로) 살아가고 있는가? 또 그렇게 일하고 있는가?
여러분은 어린 시절의 꿈을 실현했는가?
여러분은 대학에 진학할 때 바라던 바를 이루었는가?
여러분은 수년간의 노력과 충성에 대해 회사로부터 정당한 보상을 받았는가?
여러분은 계획대로 원하는 때에 은퇴할 수 있는가? 은퇴 후 드디어 시간적 여유가 생겼을 때 인생을 즐길 돈과 가족, 친구가 있는가?

월트 디즈니는 여러분의 꿈이 실현되지 않은 이유는 여러분에게 그 꿈을 추구할 용기가 없어서라고 했다. 정말 그러한가? 우리는 모두 그저 겁쟁이일 뿐인가? 이건 말도 안 된다!

우리 모두의 마음속에는 뜨거운 열정이 들어 있다. 우리에게는 시련이 닥쳤을 때 그에 맞설 내면의 열정과 기본적인 생존 본능이 있다. 우리는 결코 겁쟁이가 아니다. 우리의 친구, 가족, 아이들도 모두 마찬가지다!
장담하건대 우리 중 용기가 부족한 사람은 아무도 없다. 우리에게 필요한 것은 용기를 북돋워줄 격려의 말이 아니다. 진정 필요한 것은 우리를 꿈에 그리는 미래로 데려다줄 21세기형 기회다.

| 그렇다면, 무엇이 문제인가? |

나는 우리가 좌절감에 빠져 있다고 생각한다. 아니, 사실 우리는 분노에 가득 차 있다! 동시에 우리는 이런 현실을 바꿀 수 없다는 무력감에 시달리고 있다. 여러분과 나는 몹시 분노하고 있지만 정작 우리가 할 수 있는 일은 별로 없는 것 같다. 그렇지 않은가?

분명히 강조하지만 아메리칸 드림은 신화가 아니다. 그것은 실제로 현실에 존재한다. 그것도 아주 뚜렷하게 말이다.
문제는 여러분이 누군가가 여러분의 꿈을 훔쳐가는 걸 그냥 보고만 있다는 점이다. 그걸 막아야 한다. 우리는 겁쟁이가 아니다. 단지 이 시대가 낳은 절도 사건의 피해자일 뿐이다. 누군가가 아메리칸 드림을 훔쳐간 것이다!

엄밀히 말해 그들이 훔쳐간 것은 아메리칸 드림 그 자체가 아니다. 우리는 모두 아메리칸 드림이 여전히 어딘가에 존재한다는 사실을 알고 있다.

> 그들이 훔쳐간 것은 아메리칸 드림을 가져다줄 기회다.
> 그들이 훔쳐간 것은 아메리칸 드림을 달성할 우리의 능력이다.
> 그들이 훔쳐간 것은 아메리칸 드림을 이룰 우리의 믿음이다.

"다른 사람들이 하는 대로 하라. 쓸데없이 풍파를 일으키지 마라. 지금 가진 것마저 잃을 수 있으니 일을 그르치지 마라. 달리 방법이 없으니 그냥 현재의 방법을 고수하라."
우리에게 끊임없이 쏟아지는 이런 말에 파묻혀 진실은 은폐되고 있다.

현재 미국에서는 예순다섯 살이 된 사람 가운데 95퍼센트에 달하는 이들이 사망했거나 파산했거나 여전히 일한다. 아니면 가족, 종교단체, 정부에 의존해서 살아간다. 뭐 그리 놀랄 일도 아니다. 그러나 이 말은 곧 사회보장제도가 없어지기라도 하는 날에는 노인 두 명 중 한 명이 즉각 빈곤층으로 전락한다는 의미다. 우리가 '노년기'에 도달하는 시점에 미국인 중 단 5퍼센트만 경제적으로 자립을 하는 셈이다. 이는 서글픈 정도가 아니라 받아들이기 어려운 현실이다!

부디 여러분은 95퍼센트가 살고 있는 인생에서 과감히 벗어나기를 바란다. 예순다섯 살이 되었을 때 최저임금 근로자의 세금으로 유지되는 사회보장기금에 의지해 근근이 살아가는 인생을 답습하지 말라는 얘기다.
제2부에서는 특별한 5퍼센트 중 하나가 되어 여러분이 꿈꿔 온 모든 것을 갖는 방법을 알아볼 것이다. 그러니 계속해서 꿈을 꾸어야 한다. 부디 이 책을 읽으며 어떻게 하면 여러분이 잃어버린 아메리칸 드림을 되찾을 수 있는지 그 해답을 찾기 바란다.

제2부

누가, 왜 아메리칸 드림을 훔쳐갔는가

제3장 피라미드 사기

> "하루 만에 부자가 되고자 하는 사람은
> 일 년 만에 교수형을 당하게 될 것이다."
>
> - 레오나르도 다 빈치, 이탈리아 예술가 겸 발명가

　아마도 여러분은 누군가가 네트워크 마케팅을 '피라미드 사기'라고 비난하는 말을 들어본 적이 있을 것이다. 그것이 어떤 의미인지 알고 있는가? 이런 질문을 하는 이유는 그들 대부분이 피라미드 사기가 무엇인지 제대로 이해하지 못하기 때문이다.

　사실 다단계 피라미드(multi-level pyramid)는 자연스러운 하나의 구조다. 상품 및 서비스의 유통을 담당하거나 어떤 활동에 종사하는 모든 조직은 아래로 내려갈수록 크고 넓어지는 다층적 구조의 피라미드 모양을 하고 있다.
　저명한 작가이자 교육자인 칼 딘 블랙(Karl Dean Black)의 말을 인용하면 다음과 같다.

"모든 집단은 다층 구조의 피라미드 형태를 띤다. 정부와 국회도 다단계 피라미드다. 학교 역시 마찬가지다. 상품 및 서비스를 제공해 성공한 모든 기업도 다단계 피라미드 형태를 유지한다. 모든 다단계 피라미드 구조에서 힘은 아래로부터 나온다. 정부는 피라미드의 아래 방향으로 서비스를 제공하지만 그 권력은 아래에 있는 국민의 투표로부터 부여받은 것이다. 마케팅 회사는 피라미드의 아래 방향으로 상품을 분배하며 그 힘은 돈을 지불하고 물건을 구입하는 소비자에게서 나온다. 결국 피라미드에는 두 가지 방향의 흐름이 형성된다. 먼저 위에서 아래로, 그다음에는 아래에서 위로 향하는 흐름이 그것이다. 가치는 피라미드의 아래로 흐른다. 이에 대한 반응으로 힘은 아래에서 위로 흐른다. 만약 가치가 아래로 흐르지 않고 돈이나 투표의 형태로 구현되는 힘이 위로 흐르지 않으면 그 조직은 붕괴하고 만다."

블랙의 말에 따르면 미국의 정부, 교육기관, 기업은 모두 피라미드 형태를 띠고 있다. 마찬가지로 네트워크 마케팅은 미국 정부, 대학, 걸스카우트, 프랜차이즈 업체, 마이크로 소프트, GM과 같은 피라미드 구조를 하고 있다.

따라서 피라미드 구조가 곧 '피라미드 사기'를 의미하는 것은 아니다. 피라미드 구조 자체에는 아무런 문제가 없다. 다만 그것을 움직이는 사람들이 피라미드를 어떻게 활용하느냐에 따라 좋은 것 혹은 나쁜 것으로 분류될 뿐이다.

| 피라미드의 양면성 |

예를 들어 휴대전화를 생각해보자.

휴대전화는 막강한 힘과 편의성을 지닌 도구다. 하지만 휴대전화는 본질적으로 중립적이다. 즉, 좋거나 나쁘다는 가치판단을 할 수 없는 기기다. 그것이 좋은 의도로 쓰이는 것과 나쁜 의도로 쓰이는 것, 합법적인 일에 쓰이는 것과 불법적인 일에 쓰이는 것은 전적으로 사용자의 손에 달려 있다.

만약 식당에서 정신을 잃고 쓰러진 사람을 보고 누군가가 휴대전화로 119에 도움을 요청했다면 그것은 좋은 일이다. 그런데 같은 식당에서 또 다른 누군가가 휴대전화로 법원에 폭탄 테러 위협을 했다면 이것은 나쁜 일이다.

이때 좋거나 나쁜 것은 휴대전화 자체가 아니다. 선과 악은 휴대전화가 아니라 어디까지나 사용자의 행위에 따라 달라진다.

피라미드의 경우도 마찬가지다. 피라미드 구조 자체에는 아무런 문제가 없다. 그러나 블랙이 지적한 대로 '가치가 아래로 흐르지 않을 때' 혹은 가치가 탐욕이나 불법적인 행위에 그 자리를 빼앗길 때, 피라미드는 이른바 피라미드 '사기'로 변질된다.

놀랄지도 모르지만 피라미드 사기에도 불법적인 사기와 합법적인 사기가 있다. 물론 둘 다 바닥이 넓고 꼭대기가 뾰족한 정삼각형 모양의 구조로 되어 있다. 이어지는 장에서 차차 알게 되겠지만 피라미드가 불법인지 합법인지를 결정짓는 것은 이러한 형태가 아니다. 그것은 피라미드를 구성하는 사람들과 그 운영 방법이 결정한다.

그러면 계속해서 전형적인 '불법' 피라미드 사기와 법적으로 하자는 없지만 아래에 있는 다수의 희생으로 위에 있는 소수만 이익을 챙기는 '합법적인' 피라미드 사기를 살펴보도록 하자.

제4장 불법적인 피라미드 사기

"황금률은 트럭, 타자기, 노끈만큼이나
사업을 하는 데 반드시 필요한 요소다."

- J. C. 페니, 제이시페니 스토어 창업자

불법 피라미드는 돈벌이를 위한 사기 방식이다. 이러한 사기에서는 아래에 있는 사람들이 돈을 지불해도 그 가치가 다시 그들을 향해 아래쪽으로 흐르지 않는다. 따라서 꼭대기에 있는 소수는 돈을 벌지만 아래에 있는 다수는 돈을 잃고 만다.

대표적인 예로 소위 '행운의 편지'와 '비행기 게임'이 있는데, 이것은 정부가 단속을 하면 사라졌다가 몇 년에 한 번씩 다시 수면으로 떠오르기를 반복하는 사행성 게임이다.

| 행운의 편지 |

어느 날 여러분은 편지나 이메일 한 통을 받는다. 여러분은 누가 그 편지를 보냈는지 알 수도 있고 모를 수도 있다. 보통 그런 편지는 솔깃한 말로 설득력 있게 여러분이 부자가 될 수 있다고 이야기한다. 또한 편지에서 설명하는 대로 하면 2~4주 내에 수천 달러, 많게는 수만 달러의 돈이 마치 마법처럼 여러분의 우편함으로 굴러들어올 거라고 말한다.

그 편지대로라면 여러분은 별다른 투자 없이 큰돈을 벌 수 있다. 여러분은 다음과 같이 하기만 하면 된다.

편지에는 이름과 주소가 적힌 목록이 들어 있다. 여러분은 목록의 맨 위에 있는 이름을 지우고 그 사람에게 현금이나 우편환(금액은 얼마가 됐든 상관없다)을 보낸 후, 목록의 맨 아래에 여러분의 이름을 추가로 적어 넣는다. 그런 다음 편지를 10~100장까지 복사해 여러분이 아는 모든 사람에게 보낸다.

이러한 편지에는 대개 모든 것을 바삐 서둘러서 해야 한다는 긴박감이 깔려 있다. 특히 돈과 복사한 편지를 당일 혹은 최대 48시간 이내에 보내야 한다고 쓰여 있다. 심지어 협박성 글도 기록되어 있다. 이를테면 "만약 이 편지의 연결고리를 끊을 경우, 당신은 그 벌로 가난을 면치 못하게 될 것이다.

내가 본 어떤 편지에는 편지의 연결고리를 끊은 대가로 집, 직장 심지어 목숨을 잃은 사람들의 사례가 기록되어 있었다! 이렇듯 협박성 글을 쓰는 이유는 '연결고리를 끊는 행위'가 게임의 존속 자체에 결정적인 문제를 야기하는 치명적 결함이기 때문이다.

만약 행운의 편지를 받은 모든 사람이 목록 맨 위에 있는 이름 앞으로 돈을 보내고, 복사한 편지를 자신이 아는 사람들에게 보낸다면 어떻게 될까? 그리고 그 편지를 받은 다른 사람들이 다시 그런 행동을 반복한다면 어떤 결과가 나타날까? 분명 피라미드의 맨 아래에 있는 사람을 제외한 모든 사람이 그들의 우편함에서 수천 달러를 발견하게 될 것이다.

하지만 그런 일은 결코 일어나지 않는다. 아니, 일어날 수가 없다. 물론 행운의 편지를 처음 시작한 사람과 목록의 맨 위 언저리에 이름이 올라 있어 연결이 끊어지기 전에 '일찍 돈을 받는' 사람은 실제로 돈을 벌 가능성이 있다. 반면 나머지 사람들은 모두 돈을 잃게 마련이다.

| **불법 복권** |

돈과 관련된 모든 확률 게임은 도박이다. 도박은 지방정부, 주 의회, 연방 공무원의 철저한 감독을 받지 않는 한 모두 불법으로 간주된다.

미국 우정공사(The U.S. Postal Service)에는 행운의 편지 관련자를 체포해 교도소로 보내고 해당 편지의 유포를 근절하는 임무를 맡은 수사 및 집행부서가 있다. 이 부서에 소속된 직원들은 배지, 수갑, 권총을 소지하고 다니는 엄연한 수사관이다. 이들은 연방수사관 신분으로 그 영향력이 상당히 광범위하다. 이들과 비교하면 미국 국세청(IRS) 수사관들은 그저 애송

이처럼 보일 정도다.

행운의 편지는 불법 복권이다. 교회에서 개최하는 빙고 게임이나 비영리단체의 모금 행사를 제외하면, 오직 주정부와 연방정부만 합법적으로 추첨식 복권을 운영할 수 있다.

행운의 편지와 더불어 짧은 시간 내에 큰돈을 벌 수 있다고 유혹하는 또 다른 사기가 악명 높은 '비행기 게임'이다. 그러면 그 게임이 어떻게 진행되는지 살펴보자.

| 비행기 게임 |

여러 사람이 모여 '가상의' 비행기 탑승자가 된다. 탑승자는 승객, 부기장, 기장으로 구성되어 있다. 승객은 각각의 게임에 따라 1,500달러, 6,000달러, 심지어 5만 달러나 되는 비행기 표를 구입한다.

일단 승객이 되면 여러분은 외부 사람 가운데 여러분이 치른 금액과 동일한 가격으로 비행기 표를 구입할 신규 승객을 모집해야 한다. 새로운 승객을 유치할 때마다 여러분의 자리는 조종실 쪽으로 한 칸씩 옮겨간다. 어느 정도 승객이 차면 여러분은 부기장이 되고 마침내 기장이 된다.

자, 여러분은 비행기 표를 사고자 하는 새로운 승객을 일주일에 한 번씩 미팅에 데려온다. 그곳에서 새로운 승객은 돈을 내고 비행기 좌석을 배정받는다. 또한 사람을 어떻게 데려오는지 배우게 된다. 보통 부기장과 기장은 승객들을 교육하는 데 뛰어난 능력을 발휘한다. 그 이유는 곧 알게 될 것이다.

그러면 돈은 어디로 가게 될까? 돈은 기장의 몫이다. 만약 여러분이 기장이라면 미팅에 참석한 모든 신규 승객이 그 자리에서 여러분에게 돈을 건네준다. 신규 승객 10명이 각각 1,500달러씩 내면 모두 1만 5,000달러의 현금이 들어온다. 대부분의 비행기 게임에서 신규 승객이 비행기 뒷자리에서 기장의 자리까지 오는 데는 4~6주가 걸린다.

기장이 된 다음에는 무엇을 할까? 한몫 잡았으니 한탕 하려고 어딘가로 사라지거나 새로운 이름의 비행기 표를 구입한다. 이렇게 두 번 게임을 하면 이제 6,000달러짜리 비행기 게임이 된다. 6,000달러를 10으로 곱하면 6만 달러가 되고, 결국 주당 1만 달러를 번다는 계산이 나온다(모든 것이 계획대로 진행되고 비행기가 추락하지 않는다면 말이다).

그러나 비행기 게임에서 위로 올라간 것은 반드시 아래로 내려오게 마련이다. 쿵 하는 굉음과 함께! 신규 승객이 충분하지 않을 때, 그러니까 가장 최근에 합류한 승객이 대박을 꿈꾸며 1,500달러를 투척할 친구나 가족을 더 이상 데려오지 못할 때 비행기는 추락한다. 이 경우 어떤 일이 벌어질까? 일찍 기장이 된 사람들은 단시간 내에 꽤 많은 돈을 긁어모으지만 나머지 사람들은 1,500달러씩 손해를 보게 된다. 왜 그럴까? 돈이 피라미드를 타고 위로 올라가기만 했을 뿐, 제품 및 서비스의 형태를 띤 가치는 아래로 내려오지 않았기 때문이다.

| 극소수의 승자, 다수의 패자 |

이러한 게임이 불법인 두 번째 이유가 바로 여기에 있다. 결국 이 게임은 사람들을 등쳐먹는 수단에 불과하다. 누군가 연결을 끊거나 아니면 신규 참여자를 모집하는 데 실패한다(실제로 많은 사람이 그렇게 된다). 만약 게임에 참여한 누군가가 돈과 편지를 보낼 대상 혹은 게임에 참여할 다른 사람을 충분히 모으지 못하면, 그 사람은 게임에서 빠지게 된다. 이 경우 여러분은 본전도 못 찾고 만다. 이것이 바로 여러분이 감수해야 할 위험이다.

피라미드의 꼭대기에 있는 몇몇 사람은 어느 정도 돈을 벌지만, 피라미드의 아래에 있는 나머지 사람들은 단 한 푼도 건지지 못한다는 얘기다.

비행기 게임 같이 '돈 놓고 돈 먹기' 식의 불법적인 게임은 참여하는 조건으로 수천 달러의 현금을 선불로 내라고 요구하기도 한다. 이런 까닭에 만약 연결이 끊어지거나 비행기가 추락하면 막대한 돈을 잃은 피해자가 속출하고 만다.

이들 불법 피라미드 사기에서 변하지 않는 유일한 진실은 언제가 되었든 때가 되면 반드시 게임이 중단된다는 점이다. 뉴욕 시 검찰이 비행기 게임 수사에 착수했을 때, 그 배후에

범죄 조직이 있다는 사실이 드러났다. 마피아가 그 게임의 진원지였던 것이다! 정말 놀랍지 않은가?

| 폰지 사기 |

그밖에도 유명한 불법 피라미드 사기가 하나 더 있다. 이탈리아 이민자인 카를로 찰스 폰지의 이름을 딴 '폰지 사기'가 바로 그것이다.

카를로 폰지는 캐나다에서 부도수표를 유통시킨 혐의로 한동안 수감생활을 하다가 1900년대 초 미국으로 이주했다. 그는 미국에 와서도 얼마 지나지 않아 불법 물품을 국내에 반입한 혐의로 미 연방 교도소에 투옥되었다. 만약 폰지가 식물학자였다면 역사는 그를 '돈 나무(money tree)' 발견자로 기억할 것이다.

그는 과연 어떤 행각을 벌였을까?

1920년대 이전, 전 세계의 우체국은 세계 어디에서나 이용 가능한 국제 반신권(우표로 교환할 수 있는 쿠폰)을 발행했다. 이때 폰지는 환율이 높은 국가에서 사들인 국제 반신권을 환율이 낮은 국가에서 우표로 교환하는 발상을 떠올렸다. 간단히 말하면 우표를 싼값에 사서 비싼 값에 팔기로 한 것이다.

국제 반신권을 이용한 폰지는 자신의 증권거래 회사를 설립하고 '약속어음'까지 발행했다. 투자자는 액면가로 150달러인 폰지의 약속어음을 100달러에 구입할 수 있었다. 그리고 단 90일만 지나면 약속어음을 액면가 그대로 현금화하는 것이 가능했다. 은행 이자가 4퍼센트에 불과하던 당시에 폰지의 약속어음은 무려 50퍼센트의 수익을 보장했다!

처음에 폰지의 투자자들은 반신반의하며 10달러나 20달러씩 소액을 투자했다. 그러나 몇 번 50퍼센트의 이자를 받으며 재미를 보자 그들은 마음을 놓고 수천 달러씩 투자하기 시작했다. 폰지 역시 투자자들의 흥미를 돋우기 위해 어음 상환 기한을 절반이나 앞당긴 45일로 대폭 줄였다. 그 전략은 엄청난 효과를 냈다!

얼마 지나지 않아 폰지 제국은 어마어마한 규모로 커졌고 매일 100만 달러(현재의 1억 달러)의 돈이 그의 회사로 흘러들어 왔다! 그에게 투자한 사람들이 돈을 벌고 입소문이 퍼지면서 폰지는 점점 더 많은 돈을 벌게 되었다. 그는 금융계의 천재로 불렸으며 지방은행인 하노버 트러스트 컴퍼니를 사들였다. 나아가 상류층이 모여 사는 매사추세츠 렉싱턴 교외의 호화주택에 거주하며 '위대한 폰지'라는 이름으로 널리 알려졌다.

| 돈 기계의 결함 |

그런데 딱 한 가지 문제가 있었다. 폰지의 돈 기계는 A에게 빼앗은 돈을 B에게 나눠주는 식으로 작동하고 있었다. 그는 투자자가 오늘 보낸 돈을 뽑아 약속어음의 상환이 내일로 다가온 또 다른 투자자에게 지급했다. 이것은 '마법사 폰지'가 계속해서 바퀴를 돌려야만 움직이는 회전목마나 다름없었지만 그 속을 들여다보는 이는 아무도 없었다.

1920년의 어느 날, 마침내 회전목마가 작동을 멈췄다.
그때까지 폰지는 국제 반신권에 투자함으로써 자금을 형성하는 것으로 알려져 있었지만, 수사관들은 그가 지속적으로 국제 반신권에 투자한 사실이 전혀 없음을 밝혀냈다. 폰지가 구매한 국제 반신권은 모두 합쳐봐야 100달러 남짓이었다.
폰지의 이러한 행각은 보스턴 지역 언론의 공격에 대응하기 위해 그가 직접 고용한 홍보 담당자가 실상을 폭로하면서 비로소 세상에 알려지게 되었다.

폰지는 우편 사기죄로 9년 형을 선고받았다. 그 후 보석으로 풀려났지만 플로리다에서 늪지를 택지로 둔갑시켜 팔아넘기려다 부동산 사기죄로 붙잡혀 다시 수감되었다. 결국 그는 이탈리아로 추방되었고 1941년 무일푼으로 쓸쓸히 세상을 떠났다.

| **돌고, 돌고, 돌고** |

폰지 사기에 걸려든 사람들이 잃은 돈이 모두 얼마였는지 알려진 바는 없다. 다만 확인할 수 있는 것은 사업이 무너지기 전까지 폰지가 1,500만 달러(1920년 당시의 달러 가치)가 넘는 돈을 투자자에게 지급했다는 사실이다. 덕분에 카를로 찰스 폰지는 모든 시대를 통틀어 가장 놀라운 발명 중 하나라 할 만한 '불법 피라미드 사기'의 창시자로 이름을 남기게 되었다.

폰지의 사업이 불법 피라미드 사기인 이유는 회전목마식 원리 때문이다. 새로운 투자자로부터 돈이 계속 들어오는 한 초기 투자자들은 계속해서 돈을 배당받을 수 있다. 실제로 한동안 투자자들은 정해진 기한에 약속받은 수익을 올렸고 모두들 행복해했다.

그러나 돈이 들어오지 않는 순간 모든 것이 끝장나버렸다. 현금이 되었든 아니면 주식, CD(양도성 예금증서), 부동산, 금괴 등 현금 가치가 있는 다른 자산이 되었든 실제로 비축된 것이 전혀 없었기 때문이다. 폰지는 자신의 주머니를 채우고 초기 투자자들에게 배당금을 지급하는 데 새로운 투자자들의 돈을 사용했다. 그러다가 돈이 들어오지 않자 그가 만든 제국은 모래 위의 성처럼 한순간에 무너지고 말았다. 결국 뒤늦게 투자에 뛰어든 사람들은 돈을 모두 날리고 말았다. 그들 중 일부는 전 재산을 몽땅 잃기도 했다.

한마디로 폰지는 물에 둥둥 떠다니듯 '표류하며' 산 셈이었다. 원리는 간단하다. 어제의 빚을 갚기 위해 내일까지 수중에 들어오지 않을 돈을 근거로 오늘 수표를 쓴다. 그 수표가 다음 주 중에는 현찰로 교환되지 않기를 바라며 일단 고비를 넘긴다. 그리고 다시, 또다시 이런 행각을 반복한다.

왠지 익숙하게 느껴지지 않는가? 아마도 귀에 익은 이야기일 것이다.

오늘날 세계 여러 나라의 정부, 교육기관 그리고 많은 기업체가 카를로 폰지가 사용한 수법을 그대로 되풀이하는 것처럼 보이는 이유는 무엇일까?

다음 장에서 우리는 폰지 사기쯤은 애교로 보아 넘기게 할 만한 초대형 피라미드를 살펴볼 것이다. 흥미롭게도 이 초대형 피라미드는 완전히 합법적이다. 이들을 그대로 합법적인 것으로 간주해야 할까, 아니면 불법으로 바라봐야 할까?

그 판단은 여러분의 몫이다.

제5장 합법적인 피라미드 사기

"미국에 돈과 권력을 부여하는 것은 마치 10대 소년에게 위스키와 차 열쇠를 쥐어주는 것과 같다."

- P. J. 오루크, 정치비평가

이제 여러분은 불법 피라미드가 왜 불법적인지 분명히 알게 되었을 것이다. 불법 도박, 불법 비행기 게임, 폰지 사기 그리고 특정한 소수가 다수를 이용해 돈을 버는 명백한 갈취 행각은 인간 사회의 법에 위배된다.

사회법 이외에도 인간이 어떻게 삶을 영위하고 일해야 하는지 그 지침이 되는 일련의 법이 있다. 그것은 자연법과 신의 법이다. 칼 딘 블랙은 돈(혹은 투표)의 힘이 아래에서 위로 흐를 때 가치가 위에서 아래로 흐르지 않으면 피라미드가 붕괴된다고 말하며 이들 법을 언급한 바 있다.

│ 세계 최대의 피라미드 사기 │

놀랄 만한 사실은 세상의 많은 단체나 기업은 최고 수준(보다 정확히 말하면 최저 수준)의 피라미드 조직이라는 점이다. 사실, 전 세계 최대의 피라미드 사기는 합법적이다! 지금 나는 미국 정부가 운영하는 피라미드를 얘기하는 중이다. 그것은 다름 아닌 사회보장제도다.

현재 쉰 살 이하의 미국인 가운데 은퇴할 무렵에 자신에게 할당된 사회보장 혜택을 모두 누릴 수 있을 거라고 기대하는 사람은 거의 없다. 베이비붐 세대가 모두 정당한 자기 몫을 찾아가는 그날이 오면, 사회보장국이 파산하게 된다는 것은 누구나 아는 사실이다.
그러니 사회보장제도야말로 거대한 피라미드 사기가 아닌가!

내가 이런 말을 하는 데는 그럴 만한 이유가 있다. 여러분은 매달 일하고 받는 월급에서 일정 비율을 '급여세' 명목으로 납부하고(사실 무시할 수 없을 만큼 상당한 액수다), 예순 살 초나 중반에 은퇴하게 되면(그때까지 산다면 말이다) 죽을 때까지 매달 사회보장기금을 받게 된다.

여러분은 급여세로 얼마를 내는가? 현재의 미국 법률은 근로자에게 총수입의 7.65퍼센트, 즉 최대 9만 달러에 이르는 금액을 사회보장기금 및 의료보험료(사회보장 6.2퍼센트, 의료보험 1.45퍼센트)로 내도록 정하고 있다. 만일 여러분이 자영업자라면 급여세를 두 번 납부해야 한다. 한 번은 고용인, 다른 한 번은 피고용인으로서 납부하는데 이 경우 급여세는 무려 15.3퍼센트로 껑충 뛴다. 이런, 세상에!

미국에서는 약 1억 5,000만 명이 꼬박꼬박 사회보장비를 내고 있고, 덕분에 사회보장 신용기금에 매달 엄청난 돈이 흘러 들어 가고 있다. 방금 내가 '신용기금'이라고 했던가? 아니, 이 무슨 바보 같은 소리인가? 대체 신용이 어디 있단 말인가? 그저 기금이 있을 뿐이다. 정치인들은 그냥 기금이라고 부르지만 사실은 정말 '웃기는 기금'이다. 왜냐하면 실제로 금고에는 아무것도 없기 때문이다. 기금도, 예금도, CD(양도성 예금증서)도 없다. 실재하는 것이라곤 미국 정부가 발행한 케케묵은 차용증서뿐이다.

| 수입의 회전문 |

정부가 사회보장 및 의료보험료로 **거둬들인** 세금은 모두 어디로 간 것일까? 이 돈은 곧바로 퇴직자, 유족, 장애인 등 사회보장기금을 받을 자격이 있는 사람들에게로 돌아간다. 남은 돈은 정부 예산에 포함돼 우리가 선출한 관료들이 도로를 정비하는 데 쓰기도 하고(우리가 운이 좋다면 말이다) 실패한 정부 정책에 투입하기도 한다. 가령 정부는 불법 마약 사용 억제를 위해 마약 캠페인에 무려 억 달러를 쏟아 부었지만 아무런 효과도 거두지 못했다.

다시 말해 미국 정부는 **신규 투자자의 돈을 초기 투자자에게 지급하고 남은 돈은 마구 써버리고 있다.** 이러한 행각은 카를로 폰지가 했던 그대로지만 폰지가 하면 불법적인 피라미드고 미국 정부가 하면 **합법적인 피라미드다!**

정말로 두려운 사실은 따로 있다. 사회보장제도를 처음 시행한 1935년에는 사회보장기금 수령자 한 명당 서른다섯 명의 근로자가 버티고 있었고 평균 수명은 예순 살 정도였다. 반면 정부가 사회보장기금으로 지급하는 돈이 **근로세**로 거둬들이는 돈을 앞지르는 2026년에는 사회보장기금 수령자 한 명을 감당할 근로자는 두 명뿐이고 평균 수명은 거의 여든 살에 달할 것으로 보인다.

그렇다면 과연 정치인들은 다가오는 위기에 대처하기 위해 무엇을 하고 있을까? 그들은 건설적인 대책을 논의하는 것이 아니라 그저 이런저런 슬로건만 쏟아내면서 누구의 소관인지 따지느라 여념이 없다. 이것이 안타까운 우리의 현주소다.

| **40대 미만이라고요? 축하합니다,**
계산서 받아가세요! |

아직은 정부의 '폰지 사기'가 별 문제 없이 굴러가고 있다. 1946년부터 1960년대 중반 사이에 7,600만 명의 아기가 태어나 베이비붐 세대를 형성했기 때문이다. 이들 베이비붐 세대가 평생 사회보장기금에 돈을 바친 덕분에 현재 사회보장기금을 받을 자격이 있는 노년층은 보조금 혜택을 누리고 있다. 그렇다면 이들 7,600만 명 중 처음으로 수당을 받는 베이비붐 세대가 나타나는 2008년에는 어떤 일이 벌어질까?

여러분도 충분히 예상하고 있겠지만 '이제 내 차례야'라며 순번을 기다리는 모든 베이비붐 세대에게 돈을 지급하기도 전에 잔액이 바닥나고 만다! 알고 있다시피 베이비붐이 지나간 다음에는 출산율이 급격히 떨어졌다. 베이비붐 이후에는 그처럼 높은 출생률을 기록한 적이 한 번도 없었고 아마 앞으로도 그럴 것이다. 머지않아 돈을 받아갈 사람보다 돈을 납부할 사람이 훨씬 적은 시대가 오게 된다.

이를 비즈니스 용어로 표현하면 '부정적인 현금흐름'이라고 한다. 돈이 다 떨어진 후에도 매달 지급해야 할 액수가 꽤 많이 남아 있는 상황을 말한다.

1990년에 서른 살이 된 남성은 자신이 받을 사회보장기금 액수보다 20만 달러나 **더 많은 돈을 내게 된다**는 사실을 알고 있는가? 실제로 미국 가정의 70퍼센트는 연방보험 기여법에 따라 사회보장 및 의료보험료로 **소득세**보다 더 많은 돈을 내고 있다. 이것이 사기가 아니고 무엇인가!

베이비붐 세대 중 첫 번째 타자들에게 엄청난 액수의 수당을 지급하는 바람에 돈이 한 푼도 남지 않으면 어떤 일이 발생할까? 곳간이 비면 더 열심히 버는 수밖에. 낚시와 골프로

소일하는 노인들의 수당을 감당하기 위해 여러분의 자녀와 손자들은 밤늦도록 일해야만 한다. 혹시 1960년대에 태어나 세대 차이로 힘들었다면 조금만 기다려라. X세대가 사회보장세로 매달 1,000달러씩(혹은 그 이상) 내는 돈으로 베이비붐 세대가 플로리다에서 한가로운 인생을 살게 될 날이 그리 멀지 않았다.

사회보장제도가 붕괴되었을 때 전국에 불어 닥칠 어마어마한 파장에 비하면, 비행기 게임의 추락은 한낱 파리 한 마리가 화장실에 빠진 것에 불과하다! 이 피라미드에서는 과연 가치가 아래로 흐르고 있는가? 물론이다. 완전히 말라버리기 전까지는 찔끔찔끔 흐를 것이다. 카를로 폰지의 사기와 많이 비슷하다는 생각이 들지 않는가?

| **꼭대기에서는 돈을 번다** (…벌고, 벌고 또 번다) |

합법적이든 불법적이든 모든 피라미드 사기의 본질은 하위에 있는 사람들이 돈을 잃는 동안 상위에 있는 사람들은 부자가 된다는 것이다. 이는 마치 주가가 바닥을 치고 있을 때 기업의 CEO들은 급여, 급여 외 특전, 각종 혜택을 통해 수백만 달러를 벌어들이는 것과 같은 이치다. 예를 들어 오라클 소프트웨어(Oracle Software)의 CEO, 래리 엘리슨(Larry Ellison)은 회사 주가가 61퍼센트나 곤두박질치던 닷컴 버블 붕괴 당시 거의 8억 달러에 달하는 돈을 긁어모았다.

오라클의 충직한 직원들이 해고당하고 수만 명의 주주가 길바닥에 나앉는 동안 그가 한 일은 무엇일까? 그는 개인이 소유한 요트 중 세계에서 가장 큰 요트를 구입했다. 그것은 1억 2,500만 달러나 하는 550피트짜리 거대 요트였다.

　기업 피라미드의 꼭대기에 앉아 있는 이들은 거의 범죄를 방불케 할 정도로 많은 돈을 챙긴다. 엔론(Enron)의 앤드루 패스토(Andrew Fastow)와 월드컴(WorldCom)의 버니 에버스(Bernie Ebbers)처럼 실제로 범죄를 저지르는 경우도 있다. 이들은 닷컴 버블이 붕괴되기 전, 경기가 한창 좋던 시절에 회사 돈을 횡령하다 덜미가 잡혔다. 미국 역사상 가장 큰 규모의 2대 기업 사기를 벌인 것이다.
　이들의 탐욕은 두 회사를 파산으로 몰고 갔다. 이로 인해 수만 명의 직원이 일자리를 잃었고 직원 수당도 박탈당했다. 이들 중에는 수백만 달러의 수당 지급이 예정된 사람들도 있었다. 그럼에도 앤드루 패스토는 법정에서 형을 선고받고 눈물을 흘렸다.

| 부끄럽지 않은가? |

공공기업의 CEO들 역시 패스토나 에버스 못지않게 많은 돈을 쓸어 담고 있지만, 교도소행은 죽어도 피하고 싶은 마음에 완전히 합법적인 수법으로 주머니를 불리고 있다. 지나치게 높은 연봉과 막대한 스톡옵션 등이 여기에 해당된다.

1980년 이후 CEO의 평균 연봉은 무려 442퍼센트나 올랐다. 반면 같은 기간 근로자의 평균 연봉은 겨우 2퍼센트 인상되었을 뿐이다. CEO들의 탐욕이 한눈에 보이지 않는가? 『포천』지 선정 100대 기업의 CEO는 평균적으로 1년에 **거의 1,500만 달러**를 챙긴다. 이것을 1년에 고작 3만 달러를 받는 평범한 근로자와 비교해보자. 만약 평범한 근로자의 임금이 1980년 이후 CEO의 급여가 오른 것과 동일한 비율로 인상됐다면, 근로자는 지금 16만 4천 달러를 받아야 마땅하다.

비교적 기업에 우호적인 『포천』이 'CEO 급여: 부끄럽지 않은가?'라는 헤드라인과 함께 양복을 입은 채 미소 짓고 있는 돼지를 표지에 등장시킬 정도면 이미 도를 넘어도 한참 넘었다는 뜻이다. 실제로 미국의 CEO들은 최악의 착취를 일삼고 있다. 미국의 CEO 연봉은 캐나다의 CEO보다 두 배, 영국의 CEO보다 세 배 그리고 독일의 CEO보다 네 배나 더 많다.
실로, 부끄럽지 않은가?

| CEO가 장땡이다 |

만약 여러분이 CEO라면 실패를 할지라도 손해 볼 일이 없다. 디즈니의 전 CEO 마이클 아이스너(Micheal Eisner)는 실적이 낮으면서도 높은 연봉을 받은 CEO의 대표 격이다. 아이스너가 디즈니의 경영을 맡은 10년간 회사의 주식은 1.9퍼센트 올랐지만, 이는 『포천』지 선정 500대 기업의 평균인 9.1퍼센트에 비하면 크게 떨어지는 수치였다.

그렇게 낮은 실적을 기록한 아이스너는 얼마를 벌었을까? 총 9억 5,000만 달러를 벌었다. 그가 CEO로 재직한 50주 동안 매주 거의 200만 달러를 받은 셈이다.

그것으로 충분치 않은지 이들 최고경영자는 급여의 일환으로 수천만 달러에 달하는 스톡옵션을 제공받는다. 문제는 미국 의회에서 통과시킨 관련법에 있다. 이 법에 따르면 기업은 최고 관리자에게 지급한 스톡옵션을 비용 계정에 올릴 의무가 없다. 이는 거대 다국적기업이 수천억 달러의 가치가 있는 주식을 경영자에게 지급했더라도 그 사실을 증권거래위원회나 주주들에게 보고하지 않아도 된다는 의미다.

이 책을 쓰면서 확인해보니 『포천』지 선정 500대 기업의 CEO 가운데 30명 이상이 각각 1억 달러 이상의 스톡옵션을 받았다. 물론 수억 달러에 달하는 연봉은 별도였다! 유나이티드헬스 그룹(UnitedHealth Group)의 윌리엄 맥과이어(William

McGuire)처럼 회사 주식을 16억 달러 이상 보유한 CEO도 있다.

만약 여러분이 전망 좋은 사무실에서 일하는 최고경영자라면 그야말로 더없이 좋은 조건이 아닌가? 반면 피라미드의 맨 아래에 있는 사람들은 얼마나 커다란 손해를 보고 있는가? 피라미드의 아래에 있는 주주들의 주머니에서 나온 수십억 달러는 고스란히 피라미드의 꼭대기에 있는 CEO들의 주머니로 들어가고 있다. 그것도 완전히 합법적으로 말이다.

여러분은 이들 기업에서 CEO의 급여를 결정하는 사람이 누구인지 아는가? 바로 이사회다. 그렇다면 이사회 임원들을 선정할 때 가장 강력한 발언권을 쥐고 있는 사람은 누구일까? 바로 CEO 자신이다!

이 모순적인 구조는 엄연히 공적이다. 결코 사적인 일이 아니다. 마치 정부의 업무처럼 말이다.

| 어이없는 임금 |

수세대에 걸쳐 'USA 주식회사(U.S.A. Inc.)'를 경영해오면서 수십억도 아니고 수조 달러의 손실을 낸 국회의원의 임금을 인상하는 게 합당한 일이라고 생각하는가? 우리의 손으로 '선출한 지도자'들은 낙선되어 의원직에서 물러난 후에도 몇 년간 자신의 주머니를 채워줄 근사한 연금 계획을 수립할 만큼 배짱도 두둑하다. 심지어 임기를 단 한 번만 채운 의원도 연금을 받을 수 있다! 이러니 정치인이 욕을 먹는 것도 당연하다.

미국을 주식회사로 본다면 미국인은 미국의 '주주'다. 국민 모두가 주주다. 정부의 경영진과 관리자들의 실적은 어떠한가? 그들이 국민을 위해 일하는 존재라는 사실을 기억하라! 또한 군대 물품으로 650달러짜리 망치와 6,000달러짜리 변기처럼 터무니없는 예산을 집행하는 것도 그들이라는 사실을 기억하라! 그 돈은 그들의 것이 아니니 이것은 그들의 문제가 아니다. 이 모든 것이 말이 된다고 생각하는가?

국민이 돈(정치인에게는 '세입', 시민에게는 '세금'이라 불리는 돈)을 쏟아 부어 엄청난 세금이 국세청에 흘러들어 가도 정치인이 해준 거라고는 가계를 더 쪼들리게 한 것밖에 없다(다음 선거 때까지는 걱정할 일이 없으니 왜 그렇지 않겠는가?). 한 정치 논객은 이렇게 평한 바 있다.
"최근 몇 년간 정부는 예산 적자와 씨름을 해왔으며 갈수록 알코올 중독과 씨름하는 주정뱅이처럼 되어가고 있다."

미국을 다른 나라와 비교해보면 어떨까? 막대한 예산 적자와 닥쳐오는 사회보장 및 의료보험의 위기 앞에서 정치인들이 손을 놓은 탓에 미국은 세계경제포럼이 평가한 국제 경쟁력 순위에서 나이지리아, 페루, 우간다, 베네수엘라, 베트남 다음으로 6위를 기록했다.

| 기업 복지 - 국가적 망신 |

정부가 지원하는 기업 복지는 어떠한가? 이것 또한 돈이 피라미드를 타고 올라가지만 그 가치는 내려오지 않는 경우로 보이지 않는가? 그러면 기업 복지가 미국인의 돈을 어떻게 강탈하고 있는지 살펴보자. 미국의 납세자들은 연방 예산 적자가 걷잡을 수 없이 늘어나는 상황에서도 기업복지제도를 위해 **1년에 1,500억 달러**를 낸다.

의회가 기업 복지 비중을 50퍼센트로 줄이는 '노동 후생' 법률을 통과시켰을 때, 모든 사람이 환호했다. 그러나 세금 감면, 보조금, 장려금 형태로 대기업에게 주는 '기업 후생'은 **1년에 1,500억 달러**로 늘어났다. 이것이 아니었다면 연방정부 적자를 1년 만에 50퍼센트까지 감축할 수 있었을 것이다!

짐작하다시피 세금으로 조성한 지원금을 가장 많이 차지하는 쪽은 정치 후원금을 가장 많이 내는 기업들이다(놀랍군, 놀라워!). 세계 최대의 농업회사, 아처 대니얼스 미들랜드(ADM)는 에탄올 보조금으로 90년대 중반 이래 30억 달러 이상을 지원받았다. 에탄올 가격이 천정부지로 치솟은 지금 ADM은 기록적인 수익을 벌어들이고 있다. 그러면서도 ADM은 여전히 기업 후생의 일환으로 세금 감면 혜택을 누린다.

이것만으로는 충분치 않다고 생각하는가? 그러면 또 다른 기업 복지의 나쁜 예를 살펴보자. 세계 최대 유통 업체이자 최고의 수익성을 자랑하는 월마트는 1999년 이후로 보조금, 세금 감면, 무상 토지, 현금 지원 등으로 **10억 달러 이상**을 지급받았고 덕분에 35개 주 240곳에 점포와 유통 센터를 건립했다.

연간 수익이 100억 달러인 다국적기업이 납세자의 돈을 받는다는 것, 그것도 수십억 달러의 경제적 혜택을 누린다는 것은 논란을 불러일으키기에 충분한 일이다. 미국 정부는 왜 부자들의 로빈 훗이 되기를 자처하는 걸까? 왜 막대한 돈을 긁어모으는 『포천』지 선정 500대 기업에 연간 1,000억 달러가 넘는 돈을 나눠주기 위해 빈곤층과 중산층을 뒤흔드는가?

기업은 막강한 자금력을 바탕으로 로비스트들을 동원해 정치인의 지갑 속에 열심히 돈을 찔러 넣고 있다. 생각해보라. 어쩌면 아메리칸 드림을 도둑맞은 것이 아닐지도 모른다. 아메리칸 드림은 단지 최고가를 제시한 입찰자에게 팔려 나가고 있을 뿐이다.

기업 복지는 권총 대신 정치인들을 이용한 무장 강도나 다름없다! 카를로 폰지조차 이처럼 터무니없는 사기 수법은 생각해내지 못했을 것이다.

| 여러분은 불공정한 세금을 내고 있다 |

매달 월급봉투를 기다리며 아등바등 살아가는 개인들이 매년 수십억 달러를 벌어들이는 대기업보다 소득세를 더 많이 내는 것이 공정하다고 생각하는가? 절대 공정하지 않다. 그런데 그게 우리의 현실인가? 그렇다.

1950년대에는 연방 수입의 28퍼센트를 기업의 세금이 차지했다. 그러나 오늘날 기업의 세금이 전체 연방 세금에서 차지하는 비중은 7퍼센트에 불과하다. 1950년대에 비해 무려 75퍼센트나 줄어든 수치다.

그 차이를 메우는 것은 누구인가? 바로 개인 납세자들이다. 바로 여러분과 나 같은 사람들이다. 그 뒤에서 기업의 경영진은 즐거운 비명을 지르며 더 많은 스톡옵션을 챙기고 있다.

그러면 미국 정부는 합법적인 피라미드 사기인가? 그렇다고 생각하긴 싫지만 현실을 살펴보면 우울해진다. 정부 '지도자들'은 국가 부채가 **5조 달러**를 넘는 지경에 이르렀음에도 허점투성이 법률을 입안해 주요 기업에게 세금을 적게 낼 방편을 제공하고 있다. 또한 의회의 승인을 받은 국세청은 외부 대행업체에 24퍼센트의 수수료를 지불하며 개인 납세자들의 세금을 거둬들이는 일을 맡기고 있다.

결국 국세청은 기업의 경영진과 마티니를 홀짝거리며 개인 납세자들을 위협하고 있는 셈이다. 과연 이것이 미국 건국의 아버지들이 처음 나라를 세울 때 구상했던 모습일까? 결코 그렇지 않을 것이다.

국세청은 비능률적인 관료주의와 무능함이 팽배한 조직이다. 최근 그들은 세금 조사를 철저히 한답시고 컴퓨터 프로그램의 전면적인 점검을 위해 우리가 낸 세금에서 80억 달러를 지출했다. 그렇게 해서 그들은 어떤 결과를 얻었을까? 한 고위 관료의 말을 인용하면 "현실 세계에서 제대로 쓸 수 없는 시스템"이라고 인정하는 것뿐이었다.

여기에 그 증거가 있다. 국세청은 매년 3,000만 달러의 가산세를 통보한다. 그러나 **이 가운데 약 50퍼센트는 부정확하다는 사실을 국세청 스스로 인정하고 있다!** 실제로 국세청은 연말 회계 감사에서 예산의 64퍼센트를 어디에 썼는지 제대로 설명하지 못할 정도로 무능한 조직이다.

국세청은 피라미드 사기보다 더 나쁘다. 적어도 카를로 폰지는 자신이 훔치는 돈이 얼마인지는 알고 있었다!

| '진정한' 아메리칸 드림은 어떻게 되었나? |

복권에 당첨되는 것, 우리에겐 아직 이 꿈이 남아 있다. 그렇지 않은가? 물론 우리는 꿈꿀 수 있다. 전국적으로 40개 주(점점 늘어나고 있다)에서 시행하는 주말 복권을 통해 매달 새로운 백만장자가 탄생한다. 복권은 카지노보다 더 많은 수입을 안겨주는 합법적인 도박으로 정부도 여기에 참여한다!

미국인은 주 복권을 구입하는 데 1년에 450억 달러를 쓴다. 전체 미국인의 절반이 가끔씩 복권을 구입하는 것으로 알려져 있다. 그들이 복권 구입에 지출하는 돈은 연평균 155달러로 1년 동안 도서 구입과 영화 관람에 쓰는 돈을 합한 것보다 많다.

복권을 구입하기 위해 줄을 선 사람들을 한번 보라. 그들은 누구인가? 대개는 형편이 그리 넉넉지 못한 사람들이 아닌가? 하지만 복권 구입은 미친 짓이다! 복권에 당첨될 확률보다 벼락을 맞을 확률이 두 배나 높다.

진짜 승자는 다른 곳에 있다. 바로 정부 관료와 행정관들, 다시 말해 피라미드의 맨 꼭대기에 있는 배부른 사람들이다. 그 이외의 모든 사람은 패자다. 잠깐, 이것은 불법 피라미드 사기를 설명할 때 나온 말이 아닌가? 카를로 폰지가 했던 것처럼 그들도 돈으로 회전목마를 돌리고 있지 않은가!

그래도 복권은 정부가 운영하는 것이니 합법적이라고 볼 수밖에 없다. 더구나 모은 돈은 새로운 도로, 다리, 공립학교 등을 건립하는 데 쓰인다고 알려져 있다. 그렇다! 그래도 궁금하긴 마찬가지다. 돈의 가치는 진정 어디로 흐르고 있을까? 확실한 건 여러분과 내가 있는 아래쪽으로 흐르지 않는다는 사실이다.

아, 하마터면 신성불가침의 두 가지 조직을 살펴보는 걸 잊을 뻔했다.

| 자선단체와 학교 |

우리는 유나이티드 웨이(United Way) 같은 자선단체를 좋은 일을 하는 비영리기관이라고 믿는다. 하지만 천만의 말씀이다. 아마도 여러분과 나에게는 비영리기관이겠지만, 그 단체를 운영하는 위선자들은 너무 자주 막대한 이익을 챙긴다.

유나이티드 웨이의 전직 단체장은 급여로 연간 46만 3,000달러와 기타 특전을 받았다. 1년에 열 번이나 '일' 때문에 라스베이거스로 공짜 여행을 간 것은 덤이다(하긴 노는 것도 일은 일이다). 실상은 이렇다. 미국 보이스카우트단을 포함한 33개의 비영리단체가 단체장들에게 20만 달러가 넘는 연봉을 지급한다!

실제로 많은 비영리단체가 수입의 겨우 5퍼센트만 어려운 사람을 돕는 데 쓰고, 나머지 95퍼센트는 경비로 지출한다. 짐작하겠지만 경비에는 이사진과 관리자들의 급여, 판공비, 의료보험, 은퇴 수당이 포함된다. 그럼에도 여러분은 우리가 낸 모든 돈이 어린이와 암 연구에 쓰인다고 생각한다. 결코 그렇지 않다!

대학은 어떠한가? 대학교육을 '고등교육(higher education)'이라고 부르는 이유는 학비가 매년 높은(higher) 곳으로 향하고 있기 때문이다. 괜찮은 일자리도 보장해주지 못하는 종이 한 장을 받기 위해 연간 4만, 5만 혹은 6만 달러를 4년간(또는 그 이상) 꼬박꼬박 내야 하는 곳이 학교 말고 또 어디 있겠는가?

대학을 졸업한 다음 좋은 직장을 구하는 이들은 누구인가? 프로 스포츠계에 진출하는 일부를 제외하면 살인적인 학비를 요구하는 몇몇 일류대학에서 상위권을 차지한 극소수의 학생이 전부다. 선택받은 소수만 승자가 되는 비행기 게임이 연상되지 않는가?

지난 20년간 대학 등록금이 물가상승률의 두 배로 상승하면서 학비는 전보다 무려 세 배나 증가했다. 현재 학자금 융자를 받은 학생들의 평균 부채는 1만 9,000달러에 이른다. 『USA 투데이』의 보도에 따르면, 현재의 20대가 앞으로 "자녀 한 명을 대학에 보내기 위해서는 18년간 매년 5,000달러의 돈을 저축해야 한다."

생각하기조차 싫지만 현재 미국의 대학 등록금은 의료비보다 가파르게 상승하고 있다. 이렇게 상승하기만 하는 등록금은 대체 어디로 흘러갈까? 대개는 교수진과 직원들의 몫이다. 등록금의 약 3분의 2는 직원들의 월급으로 나간다. 그리고 정년이 보장된 교수는 평균 8만 달러의 연봉과 함께 의료보험과 두둑한 퇴직 수당을 챙긴다. 여기에다 많은 교수가 각종 할인 혜택을 누리고 컨설팅, 강연, 특허를 낸 제품에 대한 로열티를 받는다. **덕분에 강의를 전혀 하지 않고도**(보통 대학원생이 무보

수로 강의를 맡는다) 200만, 300만, 500만, 심지어 1,000만 달러의 부수입을 올리는 교수도 적지 않다.

바로 이것이 합법적인 피라미드 사기다!
고등교육 피라미드에서 위로 올라가는 돈은 점점 늘어나는 데 비해, 피라미드의 아래로 내려오는 가치는 점점 줄어들고 있다. 예전에는 대학을 졸업하면 전도유망한 회사의 좋은 일자리를 보장받았다. 그러나 오늘날 대학 졸업장이 보장해주는 것은 동네 스타벅스의 야간근무 일자리가 전부다.

| 환상 vs. 현실 |

사람들은 대부분 대학을 졸업하면 근사한 직업을 얻게 될 거라는 환상을 품는다. 대체 그들은 현실을 점검해보기나 한 걸까? 사람들의 그 황당한 인식을 생각할 때면 문득 죽어서 연옥에 간 한 남자의 이야기가 떠오른다.

그 남자를 담당한 천사는 그에게 천국과 지옥 중 어디로 갈지 선택하라고 말했다. 단, 선택을 한 뒤에는 그 결정을 번복할 수 없다고 다짐을 두었다. 남자는 최종 결정을 내리기 전에 천국과 지옥을 미리 둘러볼 수 없겠느냐고 물었다. 그러자 천사가 대답했다.
"물론 그럴 수 있소."
처음으로 간 천국은 정말 아름다웠다. 그곳에서는 모든 사람이 미소를 짓고 있었다. 평화롭고 유유자적한 그곳은 완벽 그 자체였다.

사람들은 모두 만족스럽고 행복해 보였다. 분명 더할 나위 없이 멋진 곳이었다. 남자가 말했다.

"정말 아름답군요. 그럼 이제 지옥을 보여주실래요?"

천사는 그를 지옥으로 데려갔다.

지옥에서는 믿을 수 없는 광경이 펼쳐지고 있었다. 어마어마한 파티가 열리고 있었던 것이다! 사람들은 모두 웃으며 춤을 추었고 음악 소리도 요란하게 울려 퍼졌다. 입이 떡 벌어질 만한 산해진미가 차려진 가운데 모두들 술을 마시며 파티를 즐기고 있었다. 살면서 단 한 번도 그런 광경을 본 적 없던 남자의 눈이 휘둥그렇게 벌어졌다.

천사가 그에게 몸을 기대며 물었다.

"자, 이제 어느 쪽을 선택하겠소?"

"여기요, 여기요!"

남자가 흥분해서 들뜬 목소리로 외쳤다.

"저는 지옥에 있고 싶습니다."

천사가 남자에게 물었다.

"정말 지옥에 있고 싶은 게 확실하오?"

남자가 더 생각해볼 것도 없이 즉각 대답했다.

"그럼요. 확실합니다."

그런데 천사가 손뼉을 치자 눈 깜짝할 사이에 음악이 멈추더니 파티가 사라졌다. 어느 새 그의 몸은 기둥에 묶여 있었고 사방에서 불길이 그를 향해 날아들었다.

"안 돼!"

그는 절규하며 자신과 같은 처지에 있던 옆 사람에게 외쳤다.

"도대체 파티는 어떻게 된 거죠? 춤추던 사람들과 음식은 다 어디로 간 거예요?"

그러자 옆 사람이 대답했다.

"오, 당신이 본 건 '**마케팅 프레젠테이션**'이에요. 이게 지옥의 본모습이랍니다."

| 직업 학생의 시대 |

이 이야기의 교훈은 무엇일까? 바로 눈에 보이는 것이 언제나 진실은 아니라는 점이다. 대학원 졸업생이 전공 분야에서 일자리를 찾지 못해 집으로 돌아가는 현실만 봐도 그렇다.

오늘날 대학을 졸업한 많은 젊은이가 사회로 나가는 것이 아니라 집으로 돌아가고 있다. 그들을 일컬어 '부메랑 세대'라고 한다. 졸업과 함께 학교 밖으로 밀려난 젊은이들이 다시 집으로 돌아오는 씁쓸한 현실을 반영한 것이다. 대학이 학생들에게 가장 잘 가르치는 것은 또 다른 대학에 진학하는 일이다. 학위를 딴 학생은 또 다른 학위를 그리고 또다시 다른 학위를 딴다.

이것이 바로 직업 학생이다. 학생이 직업이 되어버린 셈이다.

1960년에 박사학위 소지자는 모두 9,733명이었다. 그런데 지금은 매년 4만 명 이상의 학생이 박사학위를 받고 있다! 그들은 모두 어디로 가는가? 대학으로 돌아와 박사학위를 따는 방법을 가르친다. 그들이 가르친 학생도 다시 학교로 돌아와 후배에게 박사학위 따는 법을 가르칠 수 있도록 말이다. 이제 반복적인 악순환이 눈에 들어오는가?

지금이라도 우리는 현실을 제대로 보아야 한다. 현실을 직시하자. 만약 여러분이 학사(Bachelor of Science)학위를 이용해 안정적인 직업과 경제적 자립을 이루고자 한다면, 여러분은 학사의 약자 BS가 사실은 '백 투 스쿨(Back to School)'임을 알게 될 것이다. 여러분이 일자리를 찾지 못할 때 결국 향하는 곳은 학교이기 때문이다.

| **늘어만 가는 꿈의 부채** |

이제 합법적인 피라미드 사기가 아메리칸 드림을 이룰 기회를 어떻게 강탈하고 있는지 눈에 들어오기 시작하는가?

그러면 우리의 꿈을 훔쳐가는 도둑들을 다시 한 번 나열해보자. 곧 파산에 이를 사회보장제도, 지나치게 높은 CEO의 급여와 스톡옵션, 개인의 세금은 올리는 한편 기업의 세금은 내리는 기업 '후생' 정책, 러시아나 중국 같은 오랜 적국으로부터 유입된 차관에 의존하는 수조 달러의 국채, 물가상승률의 두 배로 상승하는 대학 등록금 그리고 돈을 주워 담는 기업과 밀월관계를 유지하며 개인 납세자의 주머니를 터는 국세청.

이제 여러분이 그들의 속임수에 당하고 있다는 느낌이 드는가? 포커 게임과 관련해 재미있는 격언이 하나 있다.

"포커 판에 앉아 누가 봉인지 모르겠다면 그 자리를 떠라. **당신**이 봉이기 때문이다!"

나는 봉이 되고 싶지 않다. 특히 내 꿈에 관해서라면 더욱더 그렇다.

여러분은 어떠한가?

제6장 더 이상 안정은 없다

> "너무 많은 사람이 기회보다 안정을 생각한다.
> 그들은 죽음보다 삶을 더 두려워하는 것 같다."
>
> - 제임스 번스, 트루먼 대통령 재임 당시 국무장관

내가 이 장에서 안정을 다루는 이유는 사람들이 그것을 원하기 때문이다. 모든 설문조사에서 안정은 사람들이 일, 가족, 미래를 위해 원하는 것의 순위에서 항상 상위권을 차지한다. 안타깝게도 오늘날 안정은 우리에게서 점점 멀어지고 있다. 아니, 사라지고 있다. 그것도 놀라운 속도로 말이다.

안정은 아메리칸 드림의 근간이다. 그렇지 않은가? 우리는 안정적인 블루칼라 일자리를 원한다. 우리는 안정적인 화이트칼라 일자리를 원한다. 우리는 안정적인 정부의 일자리를 원한다. 이것이 사람들이 원하는 바다. 하지만 시대에 뒤진 낡은 방식의 비즈니스에서는 더 이상 안정을 기대할 수 없다.

지난 10년간 안정적이라던 우량기업에서 해고당한 수백만 명의 근로자가 그것을 말해준다. 대공황 이래 최대의 인원 감축 사태에 직면했음에도 불구하고 사람들은 여전히 전통적인 비즈니스에서 일하면 안정을 보장받을 거라고 생각한다.

이쯤에서 한 이야기가 생각난다.

"난 내가 한 말을 믿겠어"

어떤 남자가 퇴근 후에 동료들과 간단하게 한잔 걸치기 위해 근처 술집에 들렀다. 모두가 왁자지껄 흥겹게 이야기를 주고받고 주크박스에 맞춰 노래를 불렀다. 그리고 테이블에 앉은 모든 사람이 번갈아가며 술을 샀.

술자리가 파하고 그가 비틀거리며 자기 차로 다가갈 무렵에는 어느새 해가 떠오르고 있었다. 시계를 보니 아침 여섯 시였다.

"오, 맙소사."

그는 속으로 생각했다.

'또 밤새워 술을 마셨네. 마누라가 죽일 듯이 달려들겠군. 다시는 밤새워 술을 마시지 않겠다고 약속했는데!'

그로부터 20분 후, 그는 돌아오는 길에 준비한 변명을 연습하며 집 앞에 차를 세웠다. 휘청거리며 현관 쪽으로 걸어온 그는 아내가 팔짱을 낀 채 자신을 기다리고 있는 모습을 보았다.

"밤새도록 뭐하다가 이제 오는 거야?"

아내가 따져 물었다. 그는 몸을 곧추세우고 아내의 눈을 빤히 쳐다보며 대꾸했다.

"자정쯤 집에 왔는데 당신을 깨우기가 미안해서 바깥에 있는 그물침대에서 잤지 뭐야."

아내가 그를 노려보며 말했다.

"지어내느라 애썼네. 근데, 그물침대는 2년 전에 치워버렸거든!"

남자는 놀란 표정으로 아내를 쳐다보더니 얼떨결에 이렇게 말했다.

"어쨌든 내가 한 얘기니까 난 그 말을 믿겠어!"

만약 1950년대에 근로자들이 그랬던 것처럼 여러분이 지금도 고용 안정을 누릴 수 있을 거라고 믿는다면, 여러분은 스스로를 속이는 것이다. 자신에게 터무니없는 거짓말을 하고 그 말을 곧이곧대로 믿으려 하는 격이다. 고용 컨설턴트 메리 린 풀리의 말을 빌리자면, "사람들이 자라면서 들어 온 평생 안정 및 고용의 개념은 더 이상 통용되지 않는다."

현실을 똑바로 바라봐야 한다. 더 이상 안정은 없다. 우리는 시간을 되돌릴 수 없다. 이제는 스스로에게 진실을 말하고 그 결과에 대비해야 한다. 나아가 하루빨리 여러분의 인생을 챙겨야 한다.

| 용감한 신세계 |

오늘날 우리가 한 사람의 소득으로 살림을 꾸린 부모 세대의 생활수준을 유지하려면 대부분 맞벌이를 해야 한다. 하지만 이건 약과다. 이제 사람들은 세 사람이 돈을 벌어야 살림을 꾸려갈 수 있다고 말한다.

우리의 고용 환경과 세상은 너무 빠르게 변화하고 있다. 불과 몇 년 전만 해도 튼실한 기업에서 철밥통 같은 일자리를 지키던 사람들이 지금은 집에서 쉬고 있다. 전체 미국인의 30퍼센트가 20세기의 마지막 20년간 직장을 잃었다는 사실을 알고 있는가? 이는 열 명의 근로자 중 세 명에 해당하는 숫자다! 글로벌리제이션, 아웃소싱, 자동화가 계속해서 빠르게 진행되는 한 이러한 추세는 앞으로 몇 십 년간 지속될 것이다.

산업이 전반적으로 하루아침에 변모하면서 가장 먼저 블루칼라 근로자들이 자동화 및 기술 진보에 밀려 일자리를 잃었다. 그다음으로 지능화한 컴퓨터 시스템이 단순 사무직 업무를 대신하게 되자 화이트칼라 근로자들이 희생되었다.

가장 대표적인 예가 전화 교환원이다. 막강한 개인용 컴퓨터가 등장하기 전, 마벨(Ma Bell)이라는 애칭으로 불린 AT&T와 그 경쟁사들은 지역 및 장거리 전화를 처리하기 위해 수백만 명의 전화 교환원을 고용했다.

그러나 지금은 성능 좋은 소프트웨어 시스템을 모니터하는 관리자 한 명만 있으면 만 명의 전화 교환원이 하던 일을 거뜬히 해낼 수 있다. 그것도 자동화 시스템 덕분에 더 빠르고 경제적으로 일을 처리할 수 있다.

나는 개인적으로 음성메일을 별로 좋아하지 않지만, 음성인식 소프트웨어의 눈부신 발전으로 현재 모든 업계에서 리셉셔니스트와 서비스 담당자가 해고되고 있다. 오늘날 신용카드 회사, 융자 회사, 은행, 보험 회사에 전화했을 때 살아 있는 사람의 목소리를 듣는 것은 거의 불가능한 일이 되고 말았다.

자동화 물결에 떠밀려 회사를 떠난 이들 근로자는 어디에서 다시 일할까? 운이 좋으면 스타벅스나 홈 데포(The Home Depot), 반대로 운이 없으면 월마트에서 일한다. 내가 장담하건대 상황은 갈수록 더 나빠질 것이다.

2001년 이래 미국에서 고용을 늘린 유일한 민간 부문은 바로 보건 산업이다. 닷컴 버블이 붕괴되고 나서 5년 후, 보건 산업은 170만 명을 신규 채용했다. 그렇다면 나머지 민간 부문은? 채용이 전무한 실정이다.

베이비붐 세대가 나이를 먹어가면서 보건 산업은 계속 일자리를 늘릴 것으로 보인다. 분명 수백만 명의 일자리가 창출될 것이다. 그러므로 만약 여러분이 노인들을 편의 시설로 모셔가거나 요양원에서 침대 시트를 갈고 변기를 비우는 일을 하고 싶다면, 여러분은 딱 좋은 때에 맞춰 태어난 셈이다.

『포천』은 오늘날의 '신경제'에 관한 기사에서 이런 글을 싣고 있다.

"미국의 공장은 군살을 뺐고(1979년 최고치보다 직원 수가 12% 감소) 강해졌으며(51%의 상품을 더 생산) 빨라졌다(연간 3.5%나 생산성 증대)."

21세기 초반이 되면 주요 산업국의 실업률이 20퍼센트에 이를 것이라던 경제학자 폴 제인 필저(Paul Zane Pilzer)의 예측은 결코 과언이 아니다. 실제로 제조업의 능률 증대로 근로자들이 공장에서 설 자리를 잃고 있다! 나는 개인적으로 실업률이 20퍼센트에 이를 것으로 내다보지 않는다. 맥도날드의 하급직이나 서클 K 편의점의 야간 교대 근무 자리는 늘 남아 있을 것이기 때문이다. 하지만 수백만 명의 근로자가 그들의 자질에 훨씬 미치지 못하는 저임금 단순 노동직으로 밀려남으로써 불완전 고용률이 20퍼센트에서 높게는 80퍼센트에 이를 것으로 보인다.

이것은 결코 바람직한 모습이 아니다. 그렇지 않은가?

| 변화에 관한 짧은 역사적 교훈 |

우리는 대부분 하나의 산업이 탄생, 성장, 번영하다가 쇠퇴해 결국 사멸한다는 사실을 알고 있다. 그것은 모든 산업이 거치는 과정이다. 따라서 과거에 집착하고 진보를 거부하는 것은 어리석은 일이다.

   20세기 초, 미국은 농업 국가였다. 거의 90퍼센트에 가까운 인구가 전 국민이 필요로 하는 식량을 생산하는 일에 종사했다. 1930년, 미국에는 3,000만 명의 농부가 있었고 이들이 약 1억만 미국인의 식량을 책임졌다.

   그러면 시간을 빨리 돌려 그로부터 70년 후인 2000년으로 가보자. 새천년을 연 2000년에 농업에 종사하는 인구는 과연 몇 명이었을까? 놀랍게도 채 30만 명도 되지 않는 농민이 3억만 미국인, 나아가 세계 곳곳의 1억만 인구를 먹여 살렸다. 겨우 70년 만에 과거의 단 1퍼센트에 해당하는 농민이 그 네 배나 많은 식량을 생산한 것이다. 그야말로 경이롭지 않은가!

   그 많던 농민과 그들의 자녀는 어떻게 되었을까? 농민의 아들, 딸은 오늘날 사업가, 소프트웨어 프로그래머, 화학 공학자, 보험 세일즈맨, 의사, 변호사 등이 되어 있다. 농부가 된 사람은 거의 없다. 왜 그런 것일까? 농업은 더 이상 안정을 보장하는 분야가 아니기 때문이다. 수천 에이커의 땅을 물려받지 않는 한, 이제 농업에서는 기회를 찾기 어렵다.

| 자르거나 혹은 잘리거나 |

몇 십 년 전만 해도 미국 경제의 버팀목이던 철강 근로자, 자동차 근로자, 기계공, 재봉사 등의 직업이 빠르게 사라지고 있다. 오늘날 산업이 경쟁력을 갖추려면 생산성을 증대하고 비용은 낮춰야 한다. 이는 곧 보다 많은 기계를 사용하고 인력 고용은 최대한 줄여야 한다는 의미다.

여기서 현실을 한번 돌아보자. 기계가 할 수 있는 일을 여전히 근로자의 손에 맡기는 기업은 인간적이고 따뜻한 느낌을 준다. 하지만 경쟁력이 약해져 문을 닫고 파산하는 순간 사정은 달라진다.

연봉 3만 달러의 정규직 근로자 세 명의 노동력을 5만 달러짜리 기계 한 대가 대체할 수 있다면, 근로자 세 명을 계속 고용하는 것은 상식적으로 이치에 맞지 않는다. 기계는 실수하지도 않고 휴가를 떠나지도 않으며 임금 인상을 요구하면서 파업을 일으키지도 않는다. 어디 그뿐인가? 기계는 연금과 수당을 요구하지 않을뿐더러 성희롱 소송을 벌이지도 않는다.

지금 미국에 유일하게 남은 안정된 직업은 정년이 평생 보장되는 대법원 판사직이다! 단 한 가지 문제가 있다면 대법원 판사는 정원이 아홉 명뿐이고 아직은 그들 모두가 매우 건강해 보인다는 점이다. 그러니 그 자리가 비었다는 전화가 오기를 기다리지 말고 내 충고에 귀를 기울이기 바란다.

| 교육받기 |

대학에 가고 좋은 직업을 얻는 것이 여러분과 여러분의 가족에게 안정된 미래를 보장해주던 시대는 지나갔다. 이제 그런 것은 환상일 뿐이다. 물론 여러분은 대학에서 많은 것을 배울 수 있다. 그러나 그 어떤 교수도 여러분에게 경제적 안정을 확보하는 방법은 가르쳐주지 않는다.

이러한 현실은 『붉은 무공훈장(The Red Badge of Courage)』의 작가 스티븐 크레인(Stephen Crane)이 쓴 한 편의 시를 떠올리게 한다.

> 나는 선각자를 만났네.
> 그는 손에 지혜의 책을 들고 있었네.
> 나는 그에게 말했네.
> "선생님, 한번 읽어보게 해주세요."
> "얘야" 하고 입을 여는 그에게 내가 말했네.
> "선생님, 저는 아이가 아닙니다.
> 지금 들고 계신 책의 내용을 많이 알고 있으니까요.
> 아주 많이요."
> 그는 미소 지었네.
> 그러더니 책을 펴서 내 앞으로 내밀었네.
> 갑자기 나는 앞을 보지 못하게 되었다네.

여러분에게 아메리칸 드림을 이루는 방법을 알려줄 '지혜의 책'은 어떠한 대학 도서관에서도 찾을 수 없다. 만약 그런 책이 있다고 해도 그 내용을 한마디라도 이해하는 학생은 극소수에 지나지 않을 것이다.

대졸자의 구직 시장은 매우 열악하며 상황은 점점 더 나빠지고 있다! 그 이유는 무엇일까? 단순 명료하게 말하면 인구 구성 때문이다. 베이비붐은 전 세계적으로 유례없는 최고의 상품 및 서비스 시장을 창출하고 가장 많은 대졸자 군단을 배출해내는 동시에, 사상 최대의 경쟁률을 자랑하는 구직 시장을 양산했다!

동네 스타벅스 점원과 보더스(Borders) 서점 계산원이 대졸자인 이유가 바로 여기에 있다. 그들에겐 대학 졸업장이 있지만 안타깝게도 좋은 일자리는 모두 대학 졸업장에 더해 경력이 있는 사람들이 이미 차지하고 있다. 미안하지만 X세대 여러분, 더 이상의 채용 계획은 없다. 물론 시내 요양원에서는 야간 근무 직원을 채용하겠지만 말이다.

| 직업 구하기 |

현재 한 달 안에 25만 개의 일자리가 사라지거나 사라지고 있으며, 그 숫자는 점점 더 늘어날 것이다. 여기에 실업 수당을 모두 지급받았거나 직장을 그만두고 구직 중인 수백만 명은 아예 포함되지도 않았다!

대체 일자리가 남아 있기는 한 걸까? 물론 많이 있다. 지역 신문의 구인광고란은 전화번호부를 방불케 할 정도로 두껍다. 그러나 이들 일자리 중 90퍼센트는 두 종류로 요약된다. 장래성이 없거나 보수가 낮거나. 그야말로 고맙지만 사양하고 싶은 일자리다.

매년 직업을 바꾸는 남녀의 숫자는 소스라칠 정도로 많다! 과거에는 일단 어떤 산업에 발을 들여놓으면 은퇴할 때까지 같은 직종에서 일하는 것이 일반적이었다. 그러나 오늘날 고용 전문가들의 예상에 따르면, 사람들은 평생 5~6가지 업종에 종사하며 10~12회 직업을 바꾼다! 이런 상황에서 무슨 안정을 기대할 수 있겠는가? 이미 말했듯 더 이상 안정은 없다.

가장 안정적인 직장으로 알려진 우체국에서 일하는 근로자도 이제는 위험에 처해 있다. 최근 우체국은 70만 명의 인력을 채용했지만 이메일과 더불어 UPS, 페덱스(FedEx) 같은 업체와의 경쟁이 심화되면서 업무 지원 부문의 많은 업무를 자동화했다. 이를 통해 우체국은 향후 10년간 매년 1만 3,000명의 인력을 감축해나갈 예정이다.

| 비전통적인 노동 형태의 증가 |

극히 드문 경우를 제외하면 이제 어디를 둘러봐도 안정적인 일자리는 존재하지 않는다. 실제로 노동인구의 약 3분의 1에

해당하는 3,500만 명의 미국인이 임시직 근로자다. 여기에는 독립 하청업자, 시간제 근로자, 컨설턴트, 프리랜서, 자영업자, 계약직 노동자 등이 포함된다.

이는 곧 자유기업이 더 이상 자유롭지 못하다는 것을 보여준다. 대부분의 미국인이 자신의 권리인 선택의 자유를 누리지 못하고 있다. 그들은 자신에게 주어진 것을 택할 수 있어야 한다. 그렇지 않으면 자유는 없다. 더불어 안정도 없다.

| 전통적인 소규모 업체의 요지경 |

서문에서 이미 말했듯 모든 전통적인 소규모 업체 중 90퍼센트 이상이 개업한 지 5년 안에 문을 닫는다. 살아남은 10퍼센트 중에서도 극히 일부만 10년을 버틴다. 여러분은 프랜차이즈가 아니면서도 10년 이상 운영하고 있는 사업체를 얼마나 많이 알고 있는가?

사실 소규모 업체의 사장들은 대개 자기 사업의 주인 노릇을 하기보다 과중한 업무의 노예로 살고 있다! 이것은 내가 직접 경험을 통해 깨달은 사실이다.

나는 스물네 살에 처음으로 내 사업을 시작했다. 당시 나는 남을 위해 일하는 데 진력이 나서 스스로 사업을 해보기로 마음먹었다. 그런데 사업을 시작한 지 얼마 지나지 않아 내 모습이 마치 스스로를 변호하는 변호사 같다는 사실을 깨닫게 되었다. **나는 일에 미친 사람처럼 일하고 있었다!**

나는 1년간 주당 80시간 이상의 살인적인 격무에 시달렸다. 덕분에 나는 새로운 휴대전화 사업으로 첫 1년간 100만 달러를 벌어들였다. 그렇지만 불행하게도 그 돈을 버는 데 들어간 비용은 120만 달러였다. 꽤 비싼 수업료를 치르고 현실을 배운 셈이었다!

나는 가끔 이런 얘기를 듣는다.
"버크, 당신이 대학에 갔더라면 좋았을 텐데요."
물론 나도 대학에 다녔고 응용범죄학을 전공해 학사학위를 받았다. 그럼 왜 교도관으로 취업하지 않았느냐고? 대개는 경력 있는 교도관을 모집하는 탓에 기회를 잡기가 쉽지 않았다. 그리고 장담하건대 경찰이나 보호감찰관은 경제적으로 자립하는 데 최상의 직업이 아니다!

| 프랜차이즈 |

오늘날 많은 사람이 사업을 처음 시작할 때 감수해야 하는 위험 부담을 줄이려는 목적으로 프랜차이즈 가맹점 창업에 관심을 보인다.

여러분이 프랜차이즈 형태로 사업을 시작하려면 프랜차이저(franchisor : 프랜차이즈 체인의 본부나 총판권을 주는 사람)에게 상표권 사용료 명목으로 돈을 지불해야 한다. 그 대가로 프랜차이저는 여러분에게 턴키(Turn-Key : 즉각 사용할 수 있도록 일괄 공급하는 체계)방식으로 사업 운영을 지원한다. 즉, 프랜차이저는 광고에서부터 설비에 이르기까지 사업에 필요한 제반 사항을 모두 제공한다. 물론 이 모든 것은 이미 검증, 개발, 디자인, 설계가 끝난 상태다. 또한 직원 교육, 회계, 상품 생산, 유통 등 사업 운영에 필요한 여러 가지 노하우도 전수한다.

따라서 여러분은 돈을 내고 턴키방식으로 창업한 다음 성공 가도를 달리기만 하면 된다. 그렇지 않은가?

아니, 그렇지 않다. 여기에는 한 가지 커다란 문제가 있다. 점포 임대료, 리모델링 비용, 시설물 구입비, 재고 유지비 등 기타 비용을 합치면 프랜차이즈 가맹점을 여는 데 평균 10만 달러가 넘게 들어간다! 그뿐 아니라 최저임금을 받는 직원들을 관리하려면 여러분은 일주일간 매일 12~14시간씩 일해도 충분치 않다. 그렇게 해서 만약 3년 혹은 5년 후까지 가맹점을 성공적으로 운영한다면, 여러분은 비로소 손익분기점을 넘기고 이윤을 얻기 시작할 것이다.

오늘날 사장이 직접 운영하는 프랜차이즈 가맹점의 경우, 대개는 초기 투자비용을 모두 회수한 시점부터 5~6만 달러의 연간 수입을 올린다. 그러나 이것은 사장이 매니저로 일할 때의 얘기고 매니저를 따로 고용한다면 잘해야 겨우 손익분기점을 맞추게 된다.

만약 사업성이 뛰어나고 규모도 큰 프랜차이즈 가맹점을 운영한다면 더 많은 돈을 벌 수 있을 것이다. 예를 들어 맥도날드 가맹점은 거의 실패하는 일이 없다. 대신 여러분은 터무니없이 많은 액수를 가맹비로 지불해야 한다. 맥도날드 가맹점은 문을 여는 데만 보통 100만 달러 이상이 들어간다!

『뉴스위크』의 비즈니스 칼럼니스트 제인 브라이언트 퀸에 따르면 모든 프랜차이즈 가맹점의 3분의 1은 손실을 보고, 다른 3분의 1은 손익분기점을 간신히 맞추며 나머지 3분의 1만 수익을 올린다고 한다.

이 말은 100개의 프랜차이즈 가맹점 중에서 66개는 수익을 내지 못한다는 뜻이다! 3분의 1이니 복권에 당첨될 가능성보다 승산이 크긴 하지만, 또 다른 3분의 1이 사업을 접거나 손해를 보고 점포를 팔아야 하는 경우에 해당한다면 무엇으로 위안을 받겠는가! 경험이 풍부하고 전문성을 갖춘 프랜차이저는 아마도 여러분에게 이런 말을 해줄 것이다.

"다섯 개 이상의 점포를 성공적으로 운영하지 못할 바에는 처음부터 사업에 뛰어들지 않는 편이 낫다."

| **도와주세요!** |

외부의 도움에 의존할 생각은 아예 버려야 한다. 누군가가 "희망은 무언가 혹은 누군가가 홀연히 나타나 내 곁을 지켜주고 나를 구해줄 거라는 기대"라고 말했다. 미안하지만 그런 행운은 이미 동화 속 신데렐라가 차지한 지 오래다. 현실을 말하자면 전통적인 산업에서 전통적인 직업에 종사하는 대부분의 사람에게는 희망이 없다. 학교, 정부, 기업은 더 이상 우리에게 꿈을 실현할 기회를 제공하는 안식처가 되어주지 못한다.

이제는 우리 손으로 직접 문제해결에 나서야 한다. 한마디로 말하면 모든 것이 자신에게 달려 있다는 얘기다.

변화를 원한다면 여러분이 먼저 변해야 한다.

개선을 원한다면 여러분이 먼저 개선되어야 한다.

이제 여러분은 무엇을 할 것인가?

여러분은 무엇을 할 수 있는가?

우선 여러분이 선택할 수 있는 것이 무엇인지 살펴보기로 하자.

제7장 여러분의 대안은 무엇인가?

"세상은 온통 문, 기회, 울려주길 기다리는
팽팽한 현으로 가득 차 있다."

- 랠프 월도 에머슨, 미국의 철학자

이제 여러분이 전통적인 비즈니스 세계에는 더 이상 안정은 없다는 사실에 동의한다고 해보자. 나아가 '그렇다면 모든 것은 내 손에 달려 있어'라고 생각한다고 치자.

여러분은 이제 어디로 갈 것인가?

여러분은 무엇을 할 것인가?

먼저 여러분이 수입을 얻기 위해 선택할 수 있는 방법에 어떤 것이 있는지 알아보자.

| 수입을 얻기 위한 여러분의 선택 |

선택 1: 직장

돈과 시간을 맞바꾸는 바람에 돈을 버느라 그 돈을 쓸 시간을 내지 못하는 함정은 앞서 살펴보았다. 여러분이 얼마를 벌든 직장생활에서는 이제 안정도 자유도 보장받지 못한다. 직장에 다닌다는 것은 "당신, 해고야!"라는 단 두 마디면 거리로 내몰리게 된다는 것을 의미한다.

미국 최고의 세일즈 동기부여가, 지그 지글러(Zig Ziglar)는 "직장(JOB)이란 '간신히 파산을 면한 상태(Just Over Broke)'를 줄인 말"이라는 우스갯소리를 한 적이 있다. 특히 오늘날처럼 급속히 변화하는 시대에 확실한 직업이란 최고위층에 속해 돈을 왕창 벌거나 아니면 최하위층에 속해 고되게 일하는 것밖에 없다.

선택 2: 자영업

해고당하는 것에 신물이 난 사람들은 대개 직업적 안정성을 확보하기 위해 자영업자의 길을 선택한다. 그러나 앞에서 살펴본 대로 전통적인 소규모 업체는 아무리 소박하게 출발할지라도 무사히 개업하기까지 난관이 많다. 사업을 유지하고 수익을 내는 것은 그다음 문제다.

여러분이 수년간 사업을 지속하는 몇몇 행운아에 속한다면 분명 성공할 기회는 있다. 하지만 현실을 직시하라. 여러분이 10년 이상 사업을 계속할 가능성은 채 1퍼센트도 되지 않는다.

선택 3: 프랜차이즈

수만 달러(혹은 백만 달러)의 돈이 있어서 한번쯤 모험을 해볼 만하다면, 여러분은 프랜차이즈 가맹점을 차려 자영업으로 성공할 승산을 높일 수 있다. 그러나 33퍼센트의 프랜차이즈 가맹점만 수익을 낸다는 사실을 기억해야 한다. 여러분은 3분의 1의 성공 확률에 모든 것을 걸고 평생 모은 예금을 깨거나 집을 저당 잡히거나 아니면 부모님의 돈을 빌려 그들을 어려움에 빠뜨릴 수 있겠는가? 그보다는 차라리 라스베이거스에서 도박을 하는 편이 나을지도 모른다.

선택 4: 투자

투자는 부자들이 더 부자가 되는 방법이자 상류층이 계속해서 부를 유지하고 컨트리클럽 연회비를 내는 비결이다. 문제는 그야말로 얼마 되지 않는 수익을 손에 쥐는 데도 **막대한** 현금이 필요하다는 데 있다. 100만 달러는 더 이상 예전의 100만 달러가 아니다. 한번 주판알을 굴려보자. CD(양도성 예금증서)에 100만 달러를 투자하고 5퍼센트의 이자를 낸다면, 여러분은 세금 이전 수입으로 연간 5만 달러를 벌게 된다. 여기에서 수수료와 소득세를 제하면 100만 달러 투자로 여러분에게 남는 돈은 고작 3만 1,000달러뿐이다(그것도 여러분에게 100만 달러가 있어야 가능한 일이다).

선택 5: 한 가지 방법이 더 있다

이것은 성공한 작가, 작곡가, 음악가, 배우, 공연 예술가 들이 건실하고 지속적인 수입을 확보하는 방법이다. 그것은 바로 저작물을 생산하는 것이다. 일반적으로 지적 재산권 형태의 저작물을 생산하면 로열티를 통한 반복적인 수입(recurring income : 잉여수입[residual income] 혹은 수동수입[passive income]이라고도 함)을 창출할 수 있다. 그런데 애석하게도 우리 중 극히 일부만 베스트셀러 책 또는 음반을 내거나 뛰어난 발명품을 고안한다. 선택받은 소수의 사람만 제2의 토머스 에디슨이나 스티븐 킹이 될 천부적인 재능을 타고나는 것이다.

그렇다고 실망할 것 없다. 여러분이 누구든 성별, 가정환경, 사회적 지위가 어떠하든 혹은 어떤 교육을 받았고 과거에 어떠한 성공과 실패를 겪었든 여러분도 오늘부터 반복적인 수입 같이 지속적으로 들어오는 수입을 올릴 방법이 있다!

그것은 바로 **네트워크 마케팅 비즈니스**다.

선입견을 갖기에 앞서 내게 네트워크 마케팅을 소개할 기회를 주기 바란다. 아니, 나는 여러분이 네트워크 마케팅이 무엇인지, 그것이 여러분에게 무엇을 가져다줄 수 있는지 알아볼 기회를 **스스로** 마련하길 바란다.

| 여러분은 모든 것을 가질 수 있다 |

앞 장에서 여러분은 우리가 사는 세상이 온통 피라미드로 가득 차 있다는 사실을 알게 되었다. 좋은 피라미드, 나쁜 피라미드, 합법적인 피라미드, 불법적인 피라미드 등 그 종류도 다양하다. 수많은 기업과 사회, 문화적 조직(학교, 대학, 정부, 종교단체, 심지어 가족도 여기에 포함된다)이 하나같이 다단계 피라미드라는 사실은 흥미로운 시사점을 제공한다. 이는 곧 근본적인 구조나 모양은 어떤 조직이 좋은지 나쁜지 결정짓는 데 아무런 관계가 없음을 의미한다.

실제로 조직의 좋고 나쁨은 사람들이 그 구조를 어떻게 운영하느냐에 달려 있다. 가치가 아래로 흐르고 힘(돈이나 투표의 형태로)이 위로 흐르는 자연스러운 피라미드의 원칙을 구성원들이 어떻게 적용하느냐가 차이를 만드는 것이다.

이 말은 여러분에게 무엇을 의미할까? 그것은 여러분에게 유용할 수 있는 것을 이용하느냐 하지 않느냐는 오직 여러분의 선택에 달려 있다는 뜻을 담고 있다. 나는 오늘날 여러분에게 주어진 최선의 대안은 네트워크 마케팅이라고 확신한다.

나는 여러분이 네트워크 마케팅을 정확히 이해할 수 있기를 바란다. 나아가 우리가 지금까지 이야기한 다른 모든 생계유지 수단과 네트워크 마케팅을 비교 및 분석해보았으면 싶다.

나는 여러분이 네트워크 마케팅을 살펴본 다음, 그것이 여러분의 아메리칸 드림을 실현 및 유지하는 데 필요한 안정과 자유를 가져다줄 수 있는지 분석해보기를 원한다.

이해하고 살펴보고 분석하는 데 특별한 무언가가 필요한 것은 아니다. 더구나 손해 볼 것은 하나도 없다. 만약 내가 지금까지 말한 내용에 공감한다면 아주 잠시만이라도 네트워크 마케팅을 통해 얻을 수 있는 것이 무엇인지 생각해보기 바란다.

제3부

전통적인 방식이 더 이상 통하지 않는 이유

제8장 패러다임— 100달러짜리 말, 100만 달러짜리 아이디어

"하나의 문이 닫히면 또 다른 문이 열린다. 그러나 우리는 닫힌 문에 오래도록 미련을 버리지 못해 눈앞에 열린 또 다른 문을 보지 못한다."

- 헬렌 켈러

여러분은 분명 한 번쯤은 '패러다임'이라는 말을 들어보았을 것이다. 대학에서 자주 쓰는 이 말은 사실 단순한 의미를 지닌 용어다. 패러다임은 세상에 대한 관점 혹은 틀을 말한다. 다시 말해 세상이 존재하는 상태를 인식하는 방법이다.

아메리칸 드림도 패러다임이다(우리 대부분에게 현재가 아닌 과거의 패러다임이지만). 이제부터 패러다임이 무엇인지, 그것이 어떻게 변화하는지 보여주는 사례를 소개하겠다.

| 스위스 시계의 패러다임 |

1975년 무렵, 시계 제조 분야에서 지배적이던 패러다임이 무엇이었는지 기억하는가? 바로 스위스 시계다. 롤렉스를 필두로 한 스위스 시계는 14세기부터 이어져 온 기술에다 완벽까지 겸비한 시계의 대명사로, 고전적이고 정밀하며 태엽을 감는 방식과 서른 개의 보석 장식이 그 특징이었다.

그러던 어느 날 스위스의 한 늙은 시계 장인이 새로운 시계를 고안해냈다. 그는 흥분에 들떠 자신이 만든 시계에 대해 사람들에게 설명했다.

"이것 좀 보시오. 태엽도 없고 보석도 없소. 그래서 기존의 시계보다 더 가볍고 제조비용도 훨씬 적게 든다오. 두께도 얇아졌고 태엽을 감을 필요도 없소. 무엇보다 정확도가 100배는 향상되었다오. 이건 바로 **쿼츠 시계**라는 겁니다!"

스위스인은 신중하고 보수적인 편이다. 그들은 처음 그 시계를 보았을 때 한 발 물러서서 이렇게 말했다.

"이봐요, 진정해요. 이 쿼츠 시계는 꽤 훌륭하군요. 하지만 한번 생각해봐요. 만약 쿼츠 시계를 만들어 팔기 시작하면 현재 우리가 만드는 크고 값비싼 보석이 박힌 시계는 잘 팔리지 않을 겁니다. 그러면 우리끼리 경쟁하는 꼴이 되고 말 거예요. 우리는 이미 보석, 톱니바퀴, 태엽 같은 부속품에 수백만 달러를 쏟아 부었어요. 쿼츠 시계를 만들면 그 부속품들을 다 어떻게 처치하죠? 내다 버릴까요? 그런 일이 벌어지면 당신 같은 소규모 시계 장인들은 모두 어떻게 될까요? 지금 우리가 세계적으로 시계 산업을 석권하고 있는데 굳이 평지풍파를 일으킬 필요가 있나요? 잘되고 있는데 공연히 문제를 만들지 맙시다."

바로 이것이 스위스 시계의 패러다임이었다. 스위스인은 쿼츠 기술이 크게 성장할 거라고 생각하지 않았다. 그래서 자국 업계에 혼란을 야기하는 대신 **그 기술을 일본에 팔아버렸다**.

1950년대 초반, 일본의 위상이 어떠했는지 기억하는가?

당시 일본이 만든 제품은 구입하자마자 10분 만에 망가지는 싸구려 물건으로 알려져 있었다. 그것이 '메이드 인 재팬'이었다. 하! 하! 하! 정말 그랬다. 그러나 오늘날 세계의 시계 시장을 지배하고 있는 나라는 어디인가? 알고 있다시피 일본, 중국 그리고 그들이 만든 쿼츠 시계다!

시계만 변한 것이 아니라 패러다임이 변화한 것이다.

| 롤렉스, 비켜라 - 세이코 나가신다 |

스위스인이 세계 시계 산업에서 정말로 엄청난 반향을 불러일으킨 시계는 바로 스와치(Swatch)였다. 저렴하고 가볍고 귀엽고 발랄하며 무엇보다 **쿼츠 방식**을 도입한 시계! 이번에는 반대로 스위스가 한때 기술을 팔았던 일본을 모방한 것이다!

현재의 패러다임이 더 이상 현실에서 통용되지 않을 때 그것은 과거의 것이 되어버린다. 누군가가 지금의 것보다 향상된 새 패러다임을 창안할 경우에도, 현재의 패러다임은 새 패러다임에 자리를 내주게 된다.

가령 아메리칸 드림이라는 기존의 패러다임은 이제 모든 사람이 아닌 극소수에게만 통용되는 패러다임이다. 다음의 간단한 질문에 대답해보면 그것이 사실임을 알 수 있을 것이다.

여러분은 이 땅에서 여러분의 몫을 차지하고 있는가?

여러분은 지금 아메리칸 드림을 이루며 살고 있는가?

이 질문에 대한 대답이 '아니요'일지라도 너무 깊이 실망할 필요는 없다. 여러분만 그런 것이 아니다. 여러분은 그저 '중간층(middle)'이라는 거대 집단에 속할 뿐이다. 오도가도 못 하고 꼼짝없이 중간에 끼고 만 무수한 사람들 가운데 하나라는 말이다!

이제는 더 이상 "내가 열심히 일하지 않아서" 혹은 "내가 그다지 똑똑하지 못해서"라는 말의 덫에 걸려 주저앉지 말자.

가슴에 손을 얹고 솔직해 말해보라.

만약 여러분이 지금보다 두 배 더 열심히 일했다면 상황이 달라졌겠는가? 여러분은 지금보다 두 배 더 돈을 벌 수 있었겠는가? 그리고 여러분이 성공하려면 정말로 지금보다 두 배 더 똑똑해야 하는가? 주위를 둘러보라. 사회에서는 'A' 학점을 받은 학생이 'C' 학점을 받은 학생을 위해 일하고 있다. 지금보다 두 배, 세 배 똑똑해지는 것은 해답이 아니다. 만약 지적 능력이 해답이라면 대학교수들은 아마 세계에서 가장 부유해야 할 것이다. 우리는 현실이 그렇지 않다는 사실을 잘 알고 있다.

여러분이 내가 아는 다른 사람들과 비슷하다면, 아마도 여러분 스스로 인생에서 거쳐야 할 단계를 제대로 밟지 않아 현재 아메리칸 드림을 이루지 못했다고 생각할 것이다. 여러분은 자신이 어딘가에서 경로를 이탈했고 그 때문에 뭔가를 놓쳐버렸다고 믿고 있을 수도 있다. 놓친 그 한 가지를 갖추었다면 여러분은 아메리칸 드림을 실현할 수 있었을 거라고 생각하지 않는가?

글쎄, 과연 그럴까? 사실 여러분은 아무것도 놓친 게 없다. 여러분에게 없는 것이 하나 있다면 그것은 현재의 상황에서 통용되는 새로운 아메리칸 드림 패러다임이다. 기존의 아메리칸 드림은 이제 온데간데없다. 그 이유는 누군가 훔쳐갔기 때문이다.

| 누가 아메리칸 드림을 훔쳐갔는가? |

도대체 누가 아메리칸 드림을 훔쳐갔는지 알고 싶은가? 그럼 지금부터 그 범인이 누구인지 알려주겠다.

- **CEO**: 수천 명의 충성스러운 직원이 회사에서 해고당하는 와중에도 수억 달러를 벌어들이는 CEO가 바로 범인이다!
- **대기업**: 근로자 수만 명의 연금제도는 철폐하면서 일부 관리자에게는 수억 달러에 달하는 퇴직 급여와 소급 적용한 스톡옵션을 주는 대기업이 바로 범인이다!
- **정치인**: 자신들의 급여 인상과 기타 혜택, 연금 법안을 통

과시키는 데는 급급하면서, 정작 고삐 풀린 사회보장 및 의료비 지출에는 **손가락 하나 까딱하지 않음으로써** 결과적으로 수 세대에 걸쳐 미국을 파산 위기로 몰아넣는 정치인이 바로 범인이다!

- **별로 가깝지 않은 친구와 친지**: 불과 몇 년 후도 기약할 수 없는 일자리를 위해 여러분의 자유를 포기하라고 부추기는 친구와 친지가 바로 범인이다!
- **모든 영향력 있는 주요 미디어**: 물을 흐리는 극소수를 찾아낸다는 명목으로 일부에 불과한 부정적인 측면을 과장 보도함으로써 전체를 말살시키려 하는 주요 미디어가 바로 범인이다!
- **소신 없는 교사**: 양질의 교육을 받는 유일한 목적은 좋은 직업을 얻는 데 있다고 학생들을 세뇌시키는 교사가 바로 범인이다!
- **돈 많은 헤지펀드 매니저**: 미국 기업들에게 고임금 일자리를 해외로 내보내도록 압력을 가함으로써 자신들의 배를 불리는 헤지펀드 매니저가 바로 범인이다!
- **일부『포천』지 선정 1,000대 기업**: 북미 소비자들의 돈으로 이윤을 올리면서도 합법적인 세금 회피를 위해 본사 주소지를 캐리비안 제도로 이전하는 기업이 바로 범인이다!
- **월마트의 '상시 할인' 정책**: 공급자에게 중국 가격에 맞춰 원가를 낮추도록 요구함으로써 점점 더 많은 북미 제조업체가 아시아의 값싼 노동력을 찾아 떠나는 사태를 초래하는 살인적인 사업 전략이 바로 범인이다!
- **북미 소재 다국적 석유회사**: OPEC 국가에게 갤런당 3달러

의 원유가에 대해 불평하지만, 정작 자신들은 **하루에 1억 달러 정도의** 기록적인 수익을 올리는 다국적 석유회사가 바로 범인이다!

●**정부 및 지방정부 노조**: 노조원 수백만 명을 위해 과도한 연금 및 퇴직 상여금을 요구하여 국가를 파산 위기에 빠뜨리는 정부 및 지방정부 노조가 바로 범인이다!

●**정계 로비스트**: 정치인을 매수해 법안 수립에 영향을 미치는 거의 4만 명에 달하는 정계 로비스트(수백 명의 전직 의원도 포함되어 있다)가 바로 범인이다!

여러분을 비롯해 수많은 평범한 사람들이 아메리칸 드림을 꿈꾸지 못하는 이유(나 자신도 그랬던 이유)는 이처럼 탐욕스러운 기득권층이 '좋은 직장'에 대한 환상을 영속화하는 한편, 그들의 주머니를 채우는 데 혈안이 되어 있기 때문이다.

많은 경영자와 관리자는 평범한 근로자가 그들의 소소한 임금에 의존해 살아가는 한, 피라미드의 꼭대기에 있는 자신의 손에 막대한 돈이 굴러들어 올 것임을 알고 있다. 그들이 이런 상황을 지속하는 최고의 방법은 여러분에게 정당한 몫이 돌아가지 않도록 하는 것이다. 그러니까 여러분이 적게 가질수록 그들은 많이 가질 수 있다.

생각해보라. 만약 여러분이 모든 것을 갖고 있다면 굳이 세상을 바꾸고 싶겠는가? 뭔가 새로운 것을 시도하기 위해 지금 누리는 최고의 자리를 잃을 위험을 감수하겠는가? 아니면, 스위스 시계 산업을 지배하던 사람들처럼 쿼츠 시계가 물러갈 때까지 잠자코 버티고 있겠는가?

사람들은 일반적으로 변화를 거부한다. 여러분이 부유하고 유명하다면, 세상을 지배하는 사람들 중 하나라면 현재의 안락함에 변화가 찾아오는 것을 더욱더 원치 않을 것이다.

월트 디즈니가 꿈을 추구하는 데 필요하다고 했던 용기는 변화를 받아들이는 용기, 다른 사람보다 앞서서 더 좋고 새로운 아이디어를 구현하는 용기를 말한다. 남들이 다 할 때까지 기다리다가는 너무 늦어버릴 테니 말이다!

| 성공한 이들은 상류로 헤엄친다 |

이미 작고한 샘 월튼은 성공하려면 "상류로 헤엄치라."는 조언을 남겼다. 또한 그는 다음과 같이 말한 바 있다.

"남들이 모두 한쪽 방향으로 가고 있을 때 그와 정반대 방향으로 가면 틈새를 발견할 좋은 기회를 잡을 수 있다."

그의 말을 한번 생각해보자. 보통 사람들이 한창 뜨고 있는 부동산 시장으로 몰릴 때, 주식 시장이 연신 최고가 행진을 계속할 때, 큰돈을 버는 사람들은 따로 있다. 그렇지 않은가? 전문가는 이미 큰돈을 챙겨 시장을 뜬 지 오래고 보통 사람들에게 남은 것은 부스러기뿐이다.

실패한 비즈니스에 여러 번 어리석은 투자를 했던 마크 트웨인은 이렇게 말했다.

"나는 기회가 더 이상 기회가 아닐 때까지 그것을 제대로 보지 못했다."

우리 대다수가 귀담아들을 만한 이야기다.

내가 말하는 보다 나은 새 패러다임, 다시 말해 여러분의 아메리칸 드림을 되찾을 수 있는 방법은 더 이상 '교육받기'와 '직업 구하기' 패러다임이 아니다. 대기업에 취직하는 패러다임도 아니고 소규모 자영사업 패러다임도 아니다.

다시 한 번 말하지만 나는 그 모든 방법을 시도해보았다. 그중 어떤 방법으로도 성공의 실마리를 찾지 못했다. 내가 간절하게 바라던 성공을 맛보게 해준 것은 보다 나은 새 패러다임인 네트워크 마케팅 비즈니스다.

대학 졸업장, 직장 구하기 그리고 소규모 사업체 창업은 이제 낡은 패러다임이다. 태엽을 감는 스위스 시계 산업은 생명이 꺼져가는 구닥다리 방식이다. 이젠 그런 것을 잊어야 한다. 지금은 상류로 헤엄쳐 올라가야 할 때다. 아니면 물속에 가라앉고 말 테니.

| 네트워크 마케팅의 새로운 테크놀로지 |

네트워크 마케팅은 오늘날 비즈니스계의 쿼츠 시계와 같다. 네트워크 마케팅에는 기존의 비즈니스에 없는 무언가가 있기 때문이다.

그게 무얼까? 간단히 말해 '새로운 테크놀로지'다. 새로운 테크놀로지란 어떤 일을 하든 보다 새롭고 차별화된 방식을 말한다. 샘 월튼의 말을 빌리자면 새로운 테크놀로지는 상류로 헤엄친다.

새로운 테크놀로지는 변화의 원동력이다.

새로운 테크놀로지는 낡은 패러다임을 부수고 새 패러다임을 창조한다. 새로운 테크놀로지는 흔히 파괴적이고 혁명적이며 상상하기조차 어렵게 느껴진다. 심지어 실현 불가능해 보인다(적어도 통념적으로는 혹은 기존의 진부하고 현실적인 시각으로 바라보는 사람들에게는).

그러나 우리가 사는 세상에서는 누구나 보다 새롭고 차별화된 방식을 시험해볼 수 있다. 어떤 사람은 성공하고 또 어떤 사람은 실패하지만 말이다. 우리 주위에는 생활, 업무, 쇼핑 방식에 변혁을 몰고 온 보다 나은 아이디어 사례가 꽤 많이 있다. 그러면 그 몇 가지 사례를 살펴보자.

● **프랜차이즈**(Franchising): 검증된 모방 시스템으로, 수익성 있는 비즈니스 모델을 찾아낸 다음 전국 및 전 세계 곳곳에서 동일한 비즈니스 모델을 복제한다.

- **서브웨이 샌드위치**(Subway Sandwiches): 소비자가 직접 선택한 신선한 재료로 만든 서브 샌드위치로, 패스트푸드보다 건강에 좋은 대체 식품을 제공한다.
- **홈 데포**(The Home Depot): 소비자들은 거대한 창고형 매장 안을 거닐며 각종 생활용품을 공장도 가격에 구입할 수 있다.
- **스타벅스**(Starbucks): 북미의 모든 도시에 유럽풍 커피 전문점을 열고 이러한 컨셉트의 커피 전문점을 전 세계로 확산시킨다.
- **델**(Dell): 온라인으로 저렴한 주문 제작형 PC를 주문하면 일주일 내에 완제품을 고객의 집까지 배달해준다.
- **폭스**(Fox): 3대 주요 채널 및 그들의 편향된 뉴스에 싫증난 시청자에게 대안이 되어줄 새로운 TV 채널을 개국한다.
- **네트워크 마케팅**(Network Marketing): 월급을 받고 일하는 영업사원 대신 수수료를 받는 독립적인 네트워커를 통해 상품의 마케팅 및 유통 방식을 재구성하고 활성화한다.

이들은 모두 피라미드 위쪽으로 흐르는 돈에 대한 보상으로 보다 많은 가치를 아래쪽에 전달함으로써 기존의 패러다임을 깨뜨려 엄청난 성공을 거뒀다. 특히 네트워크 마케팅은 소비자에게 공정하고 합리적인 가격으로 단 하나뿐인 상품 및 서비스를 제공할 뿐 아니라, 보통 사람들에게 적은 투자로 자신과 가족을 위한 부를 창출할 기회를 준다.

가령 프랜차이즈는 검증된 일률적인 시스템과 회사 차원의 지원이 결합된 보다 나은 방식이지만, 네트워크 마케팅의 형태인 개인 프랜차이즈는 **최선의 아이디어**다. 전통적인 프랜차이즈를 시작하는 데 드는 비용의 극히 일부만 투자하고도 그 장점은 모두 취할 수 있기 때문이다.

  네트워크 마케팅은 이 시대의 요구에 부응하는 눈부신 아이디어다.

제9장 왜 네트워크 마케팅인가? 변화해야 하기 때문이다

"변화는 삶의 법칙이다.
과거나 현재만 바라보는 사람은 미래를 놓치게 될 것이다."

- 존 F. 케네디

    변화는 우리 삶의 가장 근원적인 모습이다. 세상 모든 것은 변화한다. 하지만 사람들은 일반적으로 변화하기를 주저한다. 심지어 변화에 저항한다. 인간은 원래 현실에 안주하고 싶어 하는 본성이 있기 때문이다.

    우리가 주저하거나 저항한다고 해서 변화가 그냥 물러나는 것은 아니다. 변화는 대세이며 저항하는 사람만 도태될 뿐이다. 변화의 시대에 그것을 밀어내려고 하는 것은 성공을 걷어차는 것이나 마찬가지다. 여러분이 변화를 거부하면 변화도 여러분을 거부하고 만다!

문명화 vs. 암흑화

인류 역사 전반에 걸쳐 사람들은 변화의 불이 켜질 때마다 촛불을 끄거나 스위치를 내리느라 동분서주하며 어둠이 계속되기를 빌었다. 예술, 과학, 의학, 비즈니스 등 분야를 막론하고 새로운 아이디어는 대부분 처음에 저항과 반대에 부딪혔다. 아이디어가 독특하고 혁신적일수록, 변화가 전면적이고 광범위할수록, 사람들은 더욱더 크고 거센 반대의 목소리를 높였다.

중세 유럽의 암흑시대는 물론 17, 18, 19세기에도 미신에 사로잡힌 사람들은 새로운 패러다임에 위협을 느꼈다. 탓에 권력자들은 코페르니쿠스를 감옥에 가뒀고 갈릴레오를 협박했다. 크리스토퍼 콜럼버스를 웃음거리로 삼았으며 루이 파스퇴르를 비웃었다. 심지어 에디슨과 아인슈타인도 사람들의 조롱거리가 되었다. 알고 있다시피 오늘날에도 우리는 여전히 변화를 거부한다.

최근에 있었던 몇 가지 사례를 살펴보자.

미국의 사고파는 문화

1700년대부터 1800년대 초반, 북미 사람들은 필요한 물건을 가족 경영 형태의 소규모 전문 상점에서 구입했다. 푸줏간, 빵집, 촛대가게 등이 그들이다.

그러던 어느 날 아일랜드 이민자인 A. T. 스튜어트가 번뜩이는 아이디어를 떠올렸다. 각각의 작은 가게를 커다란 지붕 아래 한데 모아 놓은 상점을 만드는 것은 어떨까? 1862년, 그는 뉴욕에 여러 층으로 이루어진 건물을 짓고 '마블 팰리스'라는 간판을 달았다. 온갖 제품을 모아놓은 그곳에서 사람들은 이 가게 저 가게를 전전하지 않고도 가정에 필요한 모든 물건을 구입할 수 있었다.

뒤이어 메이시(Macy's), 로드＆테일러(Lord & Taylor's), 시어스(Sears), 울워스(Woolworth's), 허드슨 베이 컴퍼니(Hudson's Bay Company), 마셜 필드(Marshall Field), 워너메이커(Wannamaker's), 제이시 페니(JC Penny) 등의 백화점이 우후죽순 생겨났고, 미국은 곧 백화점의 전성기를 맞이했다.

백화점은 소비자에게 쇼핑의 새로운 패러다임을 제공했다. 즉, 백화점은 어떤 일을 하는 보다 새로운 방식을 창조했다. 더 많은 상품, 더 저렴한 가격, 더 좋은 품질 그리고 더 높은 편의성. 덕분에 사람들은 백화점으로 몰려들었다.

1900년에 이르자 하루에 약 4만 명에 이르는 쇼핑객이 시카고의 마셜 필드 백화점을 누볐다. 그다음에 무슨 일이 벌어졌는지 짐작하겠는가?

구시대적인 방식으로 돈 벌기

백화점이 인기를 끌자 소규모 전문 상점을 운영하던 개별 상인들의 얼굴에 먹구름이 드리워졌다. 점점 더 많은 사람이 백화점이 제공하는 다양한 제품, 저렴한 가격, 높은 편의성에 환호하면서 그들의 가게에는 손님의 발길이 뚝 끊겼다.

결국 소규모 전문 상점은 줄줄이 문을 닫기에 이르렀다.

그렇다고 이들 상점의 주인이 가만히 앉아서 당하고만 있었던 것은 아니다. 결코 그렇지 않다! 그들은 격렬히 저항했다. 하지만 그들은 보다 나은 새로운 아이디어로 맞서는 대신 기존의 패러다임에 얽매인 채 정치적 수단을 동원해 변화에 저항했다.

수십만 명에 달하는 소규모 전문 상점 주인은 수십만 표의 힘을 바탕으로 지금과 같은 방식으로 계속 장사할 수 있게 해달라고 정치인에게 로비를 벌였다. 그러나 우리가 알고 있듯 이들의 저항은 수포로 돌아갔고 백화점은 19세기 말부터 20세기 중반에 이르기까지 지배적인 쇼핑 패러다임으로 자리매김했다. 그들은 또 다른 새 패러다임인 쇼핑몰의 공격을 받을 때까지 그 자리를 지켰다.

기억하라. **여러분이 저항할수록 그것은 끈질기게 살아남는다.** 어떤 일을 하든 보다 새롭고 차별화된 방식이 등장했을 때, 이런 변화에 저항하느니 차라리 달려오는 화물열차를 맨 몸으로 막으면서 행운이나 바라는 편이 낫다. 특히 소비자가 그 새로운 방식을 열렬히 환영한다면 말이다.

| 쇼핑센터와 쇼핑몰 |

백화점 체인이 소매업 시장 점유율에서 큰 비중을 차지하게 되자, 마침내 소규모 전문 상점 주인들은 현실을 직시하고 새로운 테크놀로지를 받아들였다. 그들은 자신의 상황에 맞게 백화점 패러다임을 적용할 혁신적인 방법을 모색하기 시작했다.

자동차 보급으로 도시에서 가까운 농지에 교외 주택 지역이 늘어나자, 소규모 상인들은 한곳에 모여 쇼핑센터를 만들었다. 소비자가 편리하게 쇼핑할 수 있도록 다양한 상점이 인접 거리 내에 모두 모인 것이다. 이때 새로운 쇼핑센터에 진입하지 못한 상점 주인들은 서로 경쟁하면서 치열한 자리다툼을 벌였다.

결과적으로 쇼핑센터도 백화점처럼 번성하게 되었다. 얼마 후 쇼핑센터를 처음 고안한 사람들은 백화점 체인이 처음에 한 방식을 모방해 각각의 상점을 하나의 지붕 아래 모은 다음 이를 '쇼핑몰'이라 불렀다. 쇼핑몰은 이내 북미 지역에서 하나의 삶의 방식이 되었다.

오늘날 백화점과 쇼핑몰은 모두 사양길에 접어든 구닥다리 패러다임이 되어가고 있다. 미래학자 페이스 팝콘(Faith

Popcorn)은 자신의 저서 『팝콘 리포트(Popcorn Report)』에 이렇게 썼다.

"기업의 경우와 마찬가지로 현재 우리가 쇼핑하는 방식은 번거롭고 비효율적이며 트렌드에 반하는 방향으로 퇴보하고 있다. 대형 백화점은 더 이상 소비자가 찾는 모든 제품을 제공하지 못하고 있으며, 쇼핑센터는 아예 시대에 뒤떨어진 유물로 전락할 판이다."

| 지는 게임에서의 고군분투 |

누구도, 그 무엇도 변화를 비껴갈 수는 없다. 백화점도 예외는 아니다. 10년 전만 해도 승자의 위치에 있었던 백화점은 이제 소비자를 놓고 벌어지는 경쟁에서 밀려 패배하고 있다.

대체 무슨 일이 생긴 것일까? 어느 정도 알고 있겠지만 초대형 쇼핑몰, 전문점, 대형 할인점, 통신판매, 전자상거래 사이트 등이 백화점의 밥그릇을 빼앗고 있다. 백화점 체인의 매출은 1974년에 비해 50퍼센트 가까이 하락한 반면, 할인점 방문객 수는 같은 기간에 65퍼센트나 늘어났다. 전자상거래 역시 지속적인 상승세를 보이며 백화점 매출을 갉아먹을 정도로 비중이 커졌다.

쇼핑몰의 상황도 백화점과 그리 다를 것이 없다. 쇼핑몰은 어느 곳엘 가든 찾아볼 수 있을 정도로 그 수가 많지만 이용객은 그다지 많지 않다. 상황이 이렇다 보니 쇼핑몰 개발자들은 경쟁에서 살아남기 위해 할리우드식 수법을 동원해 쇼핑객 유치에 나서고 있다. 쇼핑몰을 테마파크처럼 조성해 쇼핑을 일종의 엔터테인먼트로 즐기도록 한 것이다. 예를 들어 로스앤젤레스의 센추리 시티(Century City)나 캐나다의 에드몬튼 몰(Edmonton Mall)을 방문해보라. 이들은 그야말로 쇼핑몰계의 디즈니랜드라 부를 만하다.

에드몬튼 몰! 와우, 탄성이 절로 나온다. 축구장 115개를 합쳐 놓은 어마어마한 크기에다 세계 최대의 실내 놀이공원, 실내 파도풀장, 실내 미니 골프장까지 갖추고 있다! 어디 그뿐인가. 실제로 작동 가능한 잠수함도 있고 크리스토퍼 콜럼버스의 범선 '산타마리아 호'를 실물 크기로 복제한 배도 있다. 무엇보다 1,000여 개에 달하는 개별 상점이 입주해 있다!

더욱 놀라운 사실은 블루밍턴과 미네소타에 있는 몰 오브 아메리카(Mall of America)는 이보다 규모가 더 크다는 것이다! 그다음엔 또 어떤 쇼핑몰이 나오게 될까? 아예 로드아일랜드 주를 통째로 지붕으로 덮는 게 어떨까? 이 정도 규모면 파워 쇼핑에는 제격이 아니겠는가?

이러한 사례는 쇼핑몰에 고객을 끌어오는 것이 얼마나 어려운 일인가를 증명한다. 애석하게도 놀이공원을 쇼핑몰에 접목시키는 방법이 반드시 성공한다는 보장은 없다. 최근에 들은 바로는 에드몬튼 몰에서조차 굳게 문을 닫은 점포와 한산

한 주차장을 볼 수 있다고 한다.

여러분의 패러다임이 침몰하고 있을 때, 남들과 경쟁하기란 만만치 않은 일이다.

| 프랜차이즈 |

미국식 판매 방식 가운데 놀라운 혁신 중 하나는 과거에도 그렇고 현재에도 프랜차이즈다. 50년 전만 해도 프랜차이즈는 획기적인 신기술이었다. 소비자에게 공산품과 식품 그리고 서비스를 판매하는 새롭고 혁신적인 방식을 제기했기 때문이다. 하지만 사람들은 프랜차이즈를 달가워하기는커녕 오히려 거세게 저항했다!

신문과 잡지는 프랜차이즈가 일종의 사기이자 폭리를 취하는 수법이라며 비난의 목소리를 높였다. 프랜차이즈 사기에 속아 평생 모은 돈을 잃은 할머니들의 사연이 도처에서 들려왔다. 『포천』이 선정한 500대 기업 중 일부 유명 기업도 프랜차이즈 사업에 참여했지만, 그들은 자사의 이름이 광고 혹은 잡지 기사에 실리는 것을 꺼렸다. 그들이 운영 중인 프랜차이즈 가맹점에 관해서도 말이다! 사실 프랜차이즈는 의회에서 11표 차이로 간신히 불법화를 면하고 우리에게 다가올 수 있었다(최초의 백화점과 어딘가 비슷하지 않은가).

한때 불안정하고 수상하다는 의심을 받은 프랜차이즈는 오늘날 미국 내 전체 소매업 매출의 33퍼센트 이상을 차지하고 있다. 현재 프랜차이즈는 1,000여 가지의 다양한 분야에서 거의 1조 달러에 달하는 상품을 판매하고 있으며 여전히 성장하는 추세에 있다! 만약 중국에서 프랜차이즈 붐이 일어난다면 그 수치는 어느 정도에 달하게 될까? 아마 무서운 기세로 상승세를 탈 것이다.

프랜차이즈는 분명 혁신적이고 강력하며 완전히 새로운 테크놀로지였다. 그것은 상품 및 서비스의 판매와 유통에 관한 보다 새롭고 차별화된 방식이었다.

| 더 새로운 판매 및 유통의 기술 |

우리의 자유기업 체제가 진화할 경우 다음으로 나타날 새로운 단계는 무엇일까? 현재 소매업계의 제왕으로 군림하는 프랜차이즈를 능가할, 새롭게 부상하는 판매 및 유통 기술이 있는가? 그렇다. 분명 그런 기술이 존재한다.

바로 네트워크 마케팅이다.

그런데 네트워크 마케팅은 백화점 체인, 대형 할인점, 쇼핑센터, 쇼핑몰, 프랜차이즈 등 이전의 그 어떤 것보다 커다란 저항에 부딪혀왔다. 오해와 비난을 받았으며 웃음거리가 되기도 했다. 심지어 반대를 위한 로비 활동과 법안에 직면하기도 했다. 마치 백화점이나 프랜차이즈가 그랬던 것처럼 말이다.

하지만 지금 웃고 있는 자는 누구인가?

| 선구자들 |

 직접 판매는 미국에서 오랜 세월에 걸쳐 풍부하게 이루어져 왔다. 직접 판매의 등장은 1600년대로 거슬러 올라간다. 당시 도시와 시골 마을을 두루 돌아다니며 주전자, 팬, 양초 등 각종 가정용품을 판매한 이른바 '양키 상인들'이 직접 판매의 효시다.

 1800년대 후반, 시어스와 로벅스의 창립자 리처드 시어스(Richard Sears)는 최초로 공식적인 네트워크 마케팅 보상 제도를 도입했다. 친구와 가족에게 시어스의 우편 주문판매를 소개하는 통신판매 고객에게 상품 혹은 돈으로 교환할 수 있는 포인트를 제공한 것이다.

 1900년대 초, 아프리카계 미국인인 마담 시제이 워커(Madam CJ Walker)는 근대 네트워크 활용의 토대를 마련했다. 그녀는 열정은 있어도 불완전 고용 상태에 있는 흑인 여성들을 고용해 그녀의 모발 및 피부 관리 제품을 판매한 대가로 수수료를 지급했다. 노예 출신 부모 밑에서 태어난 그녀는 비록 정규교육을 받지 못했지만 개인의 성장이 성공의 핵심이라는 사실을 깨달았다. 이에 따라 몇몇 도시에 교육센터를 세우고 자신의 판매원들에게 성공 전략을 가르쳤다. 덕분에 그녀가 세상을 떠난 1917년 무렵 그녀의 회사는 미국 전역에 2만 명의 독립적인 판매원을 거느릴 만큼 번창하게 되었다. 워커는 자수성가한 미국 최초의 여성 백만장자로 기네스북에 올라 있다.

리처드 시어스와 마담 워커는 소비자가 자기 자신, 가족, 친구의 삶에 변화를 주는 것으로 돈을 벌도록 유도하는 기발한 방식을 도입함으로써 네트워크 마케팅의 기틀을 확립했다. 내가 네트워크 마케팅을 경제적 자립 실현의 강력한 발판으로 보는 이유가 바로 여기에 있다. 역사적으로 네트워크 마케팅은 최첨단 기술을 도입하는 것은 물론 혁신을 지속해왔다. 덕분에 한 산업 평론가의 말을 인용하면 "미래가 눈부셔서 선글라스를 껴야 할 정도다!"

나는 네트워크 마케팅이 백화점과 프랜차이즈가 거둔 놀라운 성공을 뛰어넘어 전 세계에서 사고파는 방식에 일대 혁명을 일으킬 것이라고 확신한다. 주위를 둘러보라. 그런 일은 이미 실제로 일어나고 있다.

제10장 스스로에게 '유통'이란 말을 속삭여보라

"너무 많은 사람이 숲을 뒤지면 땔감을 찾지 못한다."

- 영국 속담

경제학자 폴 필저는 큰 성공을 거둔 자신의 저서 『무제한의 부(Unlimited Wealth)』에서 1960년대를 장식한 영화 〈졸업〉의 잊지 못할 한 장면을 인용하고 있다. 영화에서 더스틴 호프먼은 대학을 갓 졸업하고 무엇을 해야 할지 몰라 방황하는 벤이라는 젊은이를 연기한다.

어느 날 저녁 파티에서 벤은 나이가 지긋한 한 남자를 만나는데, 그는 미래에 번영할 비즈니스의 비밀을 알려주겠다며 벤을 그의 옆으로 잡아당긴다. 그리고는 벤의 귀에 대고 한마디를 속삭인다.

"플라스틱."

그 말과는 다르지만 폴 제인 필저는 『무제한의 부』에서 그것만큼 심오하고 마법 같은 말을 우리 귀에 속삭인다.
"유통."
이제 그 이유를 살펴보자.

| 유통의 기술 |

우리가 구매하는 상품 및 서비스에 가장 가시적이고 강력한 영향을 미치는 기술은 제조비용을 줄이는 일이다. 가격을 낮추면 판매량이 늘어난다는 것은 이미 검증된 마케팅 법칙이다. 예를 들어 계산기 가격이 125달러일 때 미국인 중에 계산기를 보유한 사람은 매우 드물었다. 그러나 소매가격이 20달러 아래로 떨어지자 모든 사람이 계산기를 하나씩 갖게 되었다. 그다음에는 한 사람이 두 개, 세 개씩 갖는 경우도 흔해졌다. 컴퓨터, 휴대전화, 그밖에 다른 많은 상품도 이러한 과정을 거쳤다.

그러면 LCD TV 및 플라즈마 TV의 사례를 한번 살펴보자. 평면 TV 한 대 가격이 5,000달러가 넘을 때는 부유한 사람만 그것을 소유했다. 그러다가 가격이 1,000달러대 혹은 그 이하까지 내려가자 평면 TV는 날개 돋친 듯 팔려나가기 시작했다. 오늘날 우리는 1960년대에 흑백 콘솔 TV 한 대를 구입하던 가격으로 원격 작동되는 평면 고화질 플라즈마 TV를 구입할 수 있다.

이는 비단 TV에만 국한된 이야기가 아니다. 이러한 현상은 모든 상품에서 공통적으로 나타나고 있다. 인플레이션을 고려해 과거의 가격을 현재의 가격으로 환산하면 어떤 상품이든 20년 전에 비해, 아니 10년 전에 비해서도 가치, 품질, 사양, 안전성, 내구성 면에서 6~7배 이상 우수한 상품을 같은 가격에 구입할 수 있다. 오늘날 여러분은 예전보다 훨씬 품질 좋은 TV, 냉장고, 전자레인지, 오디오 제품, 노트북 등을 사용하고 있다. 모두 가격은 60퍼센트 저렴해진 반면 기능은 10배나 더 늘어난 상품이다.

기술 진보로 소매가격이 급격히 낮아지자 더 많은 상품이 팔려 나갔다. 가격이 하락하면 한때 사치품이던 상품이 필수품으로 바뀐다. 누구나 하나쯤 갖고 있는 물건이 되고 나면 그다음에는 한 사람이 두 개, 세 개씩 소유하는 일이 흔해진다(그중 하나는 보통 창고에 놓여 있는 신세가 된다).

오늘날 95퍼센트의 가정이 최소한 두 대의 TV를 보유하고 있으며, 그중 대다수가 세 대 이상의 TV를 가지고 있다. 최근에 지은 고급 주택 중에는 욕실 거울을 통해 영상을 반사시키는 프로젝션 TV를 설치한 집도 많다!

만약 여러분이 모든 방에 TV를 한 대나 두 대씩 갖추게 된다면 그다음엔 무엇을 원하게 될까? 바로 보다 나은 품질이다. 아마도 여러분은 거실에 놓인 5년 된 42인치 TV를 서라운드 입체 음향 시스템이 완비된 60인치 TV로 바꿀 것이다. 그뿐 아니라 그것을 계속해서 더 좋은 TV로 바꿔 나가게 된다.

아이팟 비디오가 나오는 시대에 누가 소니 워크맨을 사용하려 하겠는가? 처음에는 양이 우선이지만 일단 양이 충족되면 질이 중요시된다. 기술은 끊임없이 보다 나은 생산 방식을 창출하고 더불어 이전에 생각조차 하지 못했던 것을 만들어낸다. 결국 더 크고 새로운 시장이 생겨나고 그 시장을 겨냥해 또다시 더 좋고 새로운 상품이 출현한다.

| 왜 어떤 상품은 가격이 계속 오르는가? |

만약 상품 가격이 가을날의 낙엽처럼 지게 마련이라면 왜 어떤 상품은 가격이 내려가지 않는 걸까? 가령 식료품 가격은 왜 계속 오르기만 하는 걸까? 이것은 아주 중요한 질문이다. 식료품은 가격이 계속 오르는 상품의 가장 대표적인 예다.

그러면 그 이유를 알아보자. 밀 같은 식품을 재배하고 그것을 시리얼로 만드는 데 드는 비용은 새로운 재배 및 생산 기술 등장으로 이미 오래 전에 최저 수준까지 내려갔다.

시리얼 한 상자 안에 든 시리얼 자체를 생산하는 비용은 10센트 정도다. 재배 및 제조 기술을 20퍼센트 향상시킬지라도 절감할 수 있는 비용이 단돈 2센트에 불과할 만큼 식품을 생산하는 데는 돈이 적게 든다. 그런데 왜 켈로그(Kellogg)나 포스트(Post)는 시리얼 한 상자를 3.5달러나 되는 가격에 팔고 있는 것일까? 그것은 상품을 만드는 데 드는 총비용 중 제조비용이 차지하는 비중이 극히 일부에 불과하기 때문이다. 포장비 역시 비중이 별로 크지 않다. 마케팅을 제외한다면 가장 큰 비용은 눈에 보이지도 않고 맛볼 수도 없는 부분에서 발생한다. 그렇다. **가장 큰 비용이 드는 부분은 다름 아닌 유통과 판매다!**

예전에는 상품 생산에 드는 비용이 소매가의 50퍼센트 정도를 차지했다. 물론 이것은 머나먼 과거의 일이다. 제조 기술 진보로 원재료를 재배 및 채취하고 최종 상품을 생산하는 데 드는 일련의 비용은 이제 최종 소매가격의 10~20퍼센트를 넘지 않는 수준으로 내려갔다. 식료품 생산 능력이 과잉인데다 중국, 인도, 멕시코, 베트남 등 화폐 가치가 낮은 국가들이 저렴한 비용으로 상품을 제조함에 따라, '상품의 생산비용'은 더 이상 내려갈 수 없을 정도로 낮은 수준까지 떨어진 상태다.

이처럼 제조비용은 급감한 반면 유통과 판매비용은 점점 더 올라가고 있다. 오늘날 유통 및 판매비용은 소비자가 상품에 지불하는 총금액의 80~90퍼센트에 육박한다.

그렇다면 최저 가격으로 상품을 공급하는 가장 경쟁력 있는 사업자가 되려면 다음 중 어떻게 해야 할까?

> a) 이미 바닥을 친 상품의 생산비용을 낮추는 데 주력함으로써 얼마 되지 않는 금액을 절감한다.
>
> b) 상품의 유통 및 판매에 들어가는 80~90퍼센트의 비용 절감에 집중한다.

당연히 b)가 정답이다.

예를 들어 1달러짜리 상품이 있다고 가정하고 위의 두 가지를 대입해보자.

먼저 생산비용 10센트 중 10~20퍼센트를 줄이면 2센트를 절감하는 효과를 거둘 수 있다. 반면 유통 및 판매비용 80~90센트 중 20퍼센트를 줄이면 총수익을 16~18센트 늘릴 수 있다. 이 경우 상품이 100만 개 팔렸다고 치고 18센트를 곱해보라. 그러면 건강하고 수익성 높은 기업과 간신히 생명을 부지하는 기업 간의 차이가 어디에서 나타나는지 알 수 있을 것이다.

오늘날 금맥이 흐르는 분야는 뭐니 뭐니 해도 유통이다. 미국에서 가장 부유한 월튼 일가만 봐도 그 사실을 쉽게 알 수 있다.

| 미국의 진정한 샘 아저씨 |

월튼 일가는 세계에서 가장 성공한 유통업체인 월마트를 소유하고 있다. 월마트가 어느 정도로 성공했는지 알고 싶은가?

자, 샘 월튼의 상속자 네 명이 일요일에 함께 저녁식사를 하러 모였다고 해보자. 식탁에 앉아 있는 사람들의 자기자본 총액은 무려 1,000억 달러에 달한다. 그들이 어머니의 집으로 오는 길에 주머니에서 몇 억 달러가 스르르 빠져 나갔다고 해도 그렇다. 그들의 아버지 샘 월튼이 살아 있다면 그는 아마 세계 최고의 갑부로 꼽혔을 것이다. 그것도 2위인 빌 게이츠의 530

억 달러보다 거의 두 배나 많은 자산으로 말이다.

'샘 아저씨' 월튼은 월마트를 통해 무엇을 했기에 이토록 엄청난 부를 창출할 수 있었을까?

바로 유통이다.

월마트는 다른 생산자들의 상품을 유통 및 판매한다. 사실 월마트가 스스로 판매하는 것도 아니다. 그저 한 장소에 다양한 물건을 모아놓고 가장 잘 팔리는 유형과 브랜드를 아주 싼 값에 편리하게 구매할 수 있도록 했을 뿐이다.

월마트가 유통에 얼마나 능한지 궁금한가? 사람들의 입에 자주 오르내리는 농담 중에 이런 얘기가 있다.

"동네에서 월마트를 찾으려면 어떻게 해야 하지?"

"폐업한 K마트 맞은편을 보면 월마트가 있어."

월마트는 그 정도로 유통에 도통했다. 이제 월마트는 식료품, 처방 약, 타이어, 가솔린에 이르기까지 유통 품목을 확대하고 있으며 중국을 정복하겠다는 목표로 달리고 있다.

유통, 이것이 바로 열쇠다!

만약 여러분이 보다 새롭고 향상된 방법을 개발한다면, 즉 오늘날 대다수 기업이 상품 및 서비스를 유통시키는 방식보다 더 나은 유통 기술을 개발한다면 여러분은 엄청난 부자가 될 수 있을 것이다.

자, 그러면 여기서 희소식을 하나 알려주겠다. 그것은 아무것도 없는 상태에서 더 효과적이고 새로운 유통 및 판매 기술을 고안하고 개발할 필요가 없다는 사실이다. 이미 그런 기술이 등장해 실제로 활용되고 있기 때문이다. 더구나 이것은 50년 이상 시장에서 실험 및 개량을 성공적으로 마치고 검증까지 끝냈다.

오늘날 **수만 명**이 전 세계 100개국에서 **수십억 달러의 가치**가 있는 상품 **수백만 개**를 유통시키는 일에 종사하고 있다. 이 과정에서 그들이 활용하는 것은 상품 및 서비스를 주고받는 방식에 일대 혁신을 불러일으킨 첨단 유통 기술이다. 나아가 이것은 어떤 일을 하는 보다 새롭고 차별화된 방식으로 누구나 쉽게 이해할 수 있는 기술이다.

현재 이 첨단 유통 기술을 활용하는 사람들은 월튼 일가를 더 부자로 만들어주는 것이 아니라, 자신의 가족을 더 부유하게 만들고 있다.

제11장 최대 우위

"코닥은 필름을 판다.
그러나 그들은 필름을 광고하지 않는다.
그들은 추억을 광고한다."

- 테오도르 레빗, 교육자

오늘날 시장에는 수백만 가지 상품이 즐비하게 쌓여 있고 3,000~5,000여 건의 광고가 매일같이 우리에게 구애를 퍼붓는다. 이런 환경에서 광고주들은 무수히 많은 상품 중에서 그들의 상품을 특화할 **우위점**(edge)을 부각시켜야 한다.

우위점은 성공적인 광고를 위해 꼭 찾아내야 하는 보물과도 같은 것이다.

여기 간단한 퀴즈가 하나 있다.

널리 알려진 상품과 각각의 상품 광고에서 우위점을 찾아 서로 연결해보라.

● 각각의 상품과 우위점을 찾아 서로 연결하세요!

상 품	우위점
1. 볼보	a. 최저 가격
2. 애플 컴퓨터	b. 죄악과 흥분
3. BMW	c. 우월한 드라이빙 경험
4. 라스베이거스	d. 개인주의
5. 월마트	e. 안전성
6. 티파니 주얼리	f. 매혹과 럭셔리

정답: 1-e, 2-d, 3-c, 4-b, 5-a, 6-f

지겹도록 떠드는 광고

위에 나열한 여섯 개의 상품은 수십 년간 장수한 브랜드로 시장에서 그들이 지닌 우위점은 이미 소비자의 마음속에 깊이 각인돼 있다. 그렇다면 소비자의 선택을 기다리는 무수히 많은 다른 상품은 어떨까? 쏟아지는 광고의 홍수 속에서 광고주들은 우위점을 부각시키기 위해 과연 어떤 노력을 기울이고 있을까? 보다 창의적인 광고를 만드는 것이 그 해결책일까? 그렇지 않다. 정답은 광고의 내용과 그 광고를 집행하는 미디어 측면에서 **절박함을 더욱 강조**하는 데 있다.

광고 전문지 『애드버타이징 에이지(Advertising Age)』의 편집장 랜스 크레인은 다음과 같이 신랄한 농담을 던지기도 했다.

"광고주들은 우리의 삶 전체를 광고로 도배하기 전까지는 결코 만족하지 못할 것이다. 실제로 광고주들은 상품의 우위점을 알려야 한다는 절박한 심정으로 우리 삶의 깊숙한 영역까지 광고를 들이밀고 있다. 이는 우리의 생활을 완전히 어지럽히진 않아도 최소한 거슬리는 일이긴 하다."

몇 가지 예를 살펴보자.

CBS는 3만 5,000개의 달걀에 자사의 유명한 눈동자 모양 로고를 레이저로 새겼다. 공립학교는 버스와 교실 안에서 라디오 및 TV 광고를 틀고 있으며, 체육관과 식당에 기업 혹은 기업의 브랜드를 붙일 수 있는 사용권을 판매한다. 유에스 항공(U.S. Airways)은 기내 접이식 탁자와 냅킨의 광고지면을 판매해 매년 1,000만 달러에 가까운 수입을 올린다. 심지어 멀미용 봉지 위의 광고지면 판매에 관한 협상을 진행 중이다!(결코 지어낸 이야기가 아니다) 또한 컬럼비아 픽처스(Columbia Pictures)는 모든 메이저리그 야구공원 내 베이스에 스파이더맨 II의 로고를 새긴다는 협정을 체결했다(다행히 격노한 야구팬의 성화로 무산되었지만).

우위점 부각을 위한 과열된 광고 경쟁은 어떤 결과를 낳을까? 소비자가 더 이상 광고 메시지에 감흥을 느끼지 못하고 급기야 해당 상품에 등을 돌리는 결과를 초래한다. 광고가 기본적인 예의를 지키지 않고 우리의 삶 속에 너무 깊이 침투하려

하면 소비자는 그 상품을 기억해뒀다가 나중에 절대로 사지 않겠다는 결심을 하게 된다.

　현명한 마케터는 어떻게 행동할까? 그들은 수많은 상품 속에서 어떻게 자사 상품의 우위점을 부각하고 충격 요법이 아닌 진정성을 담은 질적인 메시지 전달로 소비자의 반향을 불러일으킬까? 그들은 일대일, 직접 대면 마케팅을 활용한다. 이것이 바로 우위점을 최대로 부각시키는 방법이다.
　전통적인 마케팅 기법은 꺼져가는 촛불처럼 맥을 못 추는 반면, 네트워크 마케팅은 화려하게 하늘을 수놓는 불꽃처럼 피어오르는 이유가 바로 여기에 있다.

| 일대일 대면, 그것이 최대 우위 |

　대다수 사람들이 마케팅에서 최대 우위로 작용하는 것은 저렴한 가격이라고 생각한다. 그렇지 않다. 물론 월마트가 증명하듯 저렴한 가격은 커다란 강점이다. 그러나 최저 가격을 내세운다고 반드시 최대 우위를 점유할 수 있는 것은 아니다. 만약 최저 가격이 곧 최대 우위점이라면 모든 사람이 1년에 수천 달러씩 절약하기 위해 소형차를 몰거나 집에서 식사를 할 것이다. 하지만 실제로는 많은 중산층이 고급 중형차를 타고 다니며 값비싼 고급 식당에서 식사를 즐긴다.
　그 이유는 무엇일까? 그것은 사람들이 상품가격에는 금전 이상의 가치도 포함되어 있음을 직관적으로 알고 있기 때문이다.

『프로슈머 파워(Prosumer Power)』의 저자이자 마케팅의 귀재인 빌 퀘인(Bill Quain)은 이렇게 말했다.

"가격이란 원하는 것을 얻는 대가로 당신이 포기해야 하는 것을 말한다."

가령 대형마트나 코스트코에 가면 우리는 다른 곳에서 쇼핑할 때보다 더 싼값에 물건을 살 수 있다. 그러나 그렇게 저렴한 가격을 누리는 대가로 수많은 무형자산을 **포기**해야 한다. 대형마트에서 쇼핑할 경우 우리가 원하는 것을 얻기 위해 포기해야 하는 것이 무엇인지 한번 생각해보자.

> 우리는 훌륭한 서비스를 포기해야 한다.
> 우리는 아름다운 환경을 포기해야 한다.
> 우리는 상냥하고 해박한 판매원을 포기해야 한다.
> 우리는 호화로움을 포기해야 한다.
> 우리는 최고 수준의 품질에다 희소성이 있는 독특한 상품을
> 포기해야 한다.

한마디로 우리는 **유쾌한 경험을 포기해야 한다**. 대신 치약 하나에 단돈 몇 푼을 절약하기 위해 **비루한 경험을 견뎌내야 한다**. 이것은 고마운 일이긴 하지만 내심 별로 고맙지 않은 상황이다.

이것이 내가 최저 가격이 최대 우위가 될 수 없다고 말하는

이유다. 사실 최저 가격은 최대 우위와 거리가 멀다. 오늘날의 최대 우위는 5,000년 전에도 최대 우위였다. 아마 5,000년 후에도 그럴 것이다. 그것은 바로 상품에 정통한 판매원과 얼굴을 마주보고 일대일로 나누는 대화다.

이것이야말로 최대 우위다. 언제나 그래왔고 앞으로도 계속 그럴 것이다.

| 얼굴을 맞댄 소통이 진리다 |

우리 삶을 변화시킬 열 가지 새로운 조류를 예측한 존 네이스빗(John Naisbitt)의 베스트셀러 『메가트렌드(Megatrends)』가 출간된 지 어느덧 수십 년의 세월이 흘렀다. 그는 이미 수십 년 전에 예리한 통찰력으로 다가올 미래에 일대일 소통이 점점 더 중요해질 것이라고 내다봤다. 네이스빗은 1892년에 이렇게 썼다.

"하이테크/하이터치(high tech/high touch)는 인류가 새로운 기술에 반응해온 방식을 일컫는 말이다. 새로운 기술이 사회에 유입될 때마다 인간적인 것, 즉 **하이터치**가 등장해 균형을 맞추게 된다. 하이테크가 진행되면 될수록 하이터치에 대한 요구도 늘어난다."

하이터치에 대한 욕구는 휴대전화, 무료 장거리 전화 서비스, 인스턴트 메시지 서비스 등의 기술 발달로 그 어느 때보다 쉽고 빠르게 커뮤니케이션이 가능한 시대에 비행기 여행객이 넘쳐나는 이유를 잘 설명해준다. 단돈 5달러면 인터넷을 통한 화상회의가 가능한데 사람들은 왜 비즈니스 미팅을 위해 500달러를 내고 비행기를 타는 것일까? 기술이 사람 대 사람의 관계를 용이하게 해주긴 하지만 사람 대 사람의 **직접적인 소통을 대신할 수는 없기 때문이다**.

최근의 연구는 이러한 네이스빗의 이론을 입증한다. 『소셜 인텔리전스(Social Intelligence)』의 저자 대니얼 골먼(Daniel Goleman)은 "인간의 뇌는 사회성 회로로 연결되어 있다."고 말한다. 그리고 '사회성 뇌'는 인간적인 접촉에서는 활성화되지만 온라인을 통한 접촉에서는 활성화되지 않는다고 설명한다. 사람들이 서로 얼굴을 마주보고 있었다면 절대 하지 않았을 말을 인터넷으로는 쉽게 하는 이유가 무엇인지 알려주는 대목이다.

그러면 골먼의 이야기를 좀 더 들어보자.

"현대인의 삶은 인간관계의 질을 저하시킨다. 우리는 인간적인 것에 보다 자주 관심을 기울일 필요가 있다. 잠시 블랙베리를 내려놓고, 휴대전화를 꺼놓고 지금 당신과 함께 이야기를 나누고 있는 사람에게 주의를 기울여야 한다."

최대 우위를 확보하고자 하는가? 그렇다면 사람들에게 하이터치 경험을 제공하라. 이것은 동업자, 고객, 소비자, 잠재고객, 친구, 친지, 자녀, 지인 등 누구에게나 해당된다. 아무리 많은 하이테크도 우리에게 태생적으로 내재된 하이터치에 대한 열망을 채워줄 수 없다. 사람과 사람이 서로 얼굴을 마주보고 소통하는 것은 하이테크가 대신할 수 없는 일이다.

최대 우위는 힘찬 악수, 확신을 주는 미소, 지속적인 눈 맞춤, 적극적인 경청, 진심 어린 웃음, 애정이 담긴 눈빛, 등을 토닥이는 손길, 공감하는 끄덕임, 마음을 보듬는 포옹 안에 있다. 우리의 멋진 온라인 신세계(Brave New Wired World)에서조차 하이터치를 향한 욕구는 결코 복제할 수 없다. 또한 절대 디지털화할 수 없다.

| 환대 경제 시대에 온 것을 환영한다 |

1970년대만 해도 광고주는 저녁 아홉 시 시간대에 3대 방송사에 광고를 집행하는 것만으로도 미국 TV 시청자의 90퍼센트에게 도달할 수 있었다. 그러나 방송채널이 대폭 늘어나고 소비자의 욕구가 다양해진 오늘날에는 마케팅 담당자들의 고민이 깊어질 수밖에 없다. 특히 소비자들은 상품 특성을 자랑하는 30초짜리 광고보다 더 많은 것을 기대한다. 그것도 훨씬 더 많은 것을!

『세팅 더 테이블(Setting the Table)』의 저자이자 뉴욕에 열 개 레스토랑을 소유한 미국 외식업계의 대부, 대니 메이어(Danny Meyer)는 이렇게 말한다.

"우리는 새로운 비즈니스 시대에 살고 있다. 지금은 **환대 경제 시대**다. 서비스 시대는 이미 지나간 과거다. 서비스는 상품을 전달하는 것이지만 환대(hospitality)는 상품을 전달할 때 **받는 사람이 그것을 느낄 수 있도록 하는 것이다.**"

이런 의미에서 일대일 프레젠테이션과 멘토링을 강조하는 네트워크 마케팅은 환대 경제의 전형이라 할 수 있다. 네트워커를 만나는 사람들은 자신이 특별한 대접을 받고 있음을 **느끼게** 된다. 네트워커가 활력, 희망, 소속감을 **느끼게** 하기 때문이다. 무엇보다 그들은 자신을 인간적으로 대한다는 느낌을 받는다.

전통적인 마케터가 시청자들을 놀라게 할 방법을 찾느라 밤새워 고심하면서도 시장점유율이 떨어지는 것을 지켜볼 때, 네트워커는 악수를 나누고 친구를 만들며 새로운 사업 파트너들을 불러 모은다. 네트워크 마케팅은 평범한 사람에게 최고의 환대를 베푼다. 나아가 다른 데서 찾아볼 수 없는 최신 상품과 서비스를 제공하고, 낮은 비용으로 높은 잠재수익(또한 하이터치도)을 보장하는 비즈니스를 운영하도록 함으로써 삶을 주도적으로 살아갈 기회를 부여한다.

이제 우리는 네트워크 마케팅이 왜 최대 우위를 점하는 해법인지 알게 되었다. 다음 장에서는 네트워크 마케팅이 무엇이고 또 어떻게 움직이는지 살펴보겠다.

제 4부

네트워크 마케팅에 관한 진실

제12장 네트워크 마케팅은 무엇이며 어떻게 움직이는가

"우리는 대형 산업 시대와 거대 기업 시대를 살아왔다.
나는 지금이 기업가의 시대라고 생각한다."

- 로널드 레이건 대통령

"네트워크 마케팅은 피라미드 사기야."

누군가가 이런 말을 하면 나는 심기가 불편해진다. 지금까지 정부, 미국 주식회사, 대학 등의 실상을 살펴보았으니 내 심정을 충분히 이해할 것이다. 사실은 이들 조직이야말로 대대적으로 사람들을 등쳐먹고도 그 책임을 교묘하게 피하는 '합법적인 피라미드 사기'가 아니던가.

물론 네트워크 마케팅은 다단계 피라미드 방식이다. 그렇지만 상품 및 서비스를 유통시키는 모든 조직은 피라미드 구조로 되어 있음을 기억하라. 중요한 것은 가치가 피라미드의 모든 단계를 거쳐 아래로 흐르는 동시에 아래에 있는 돈은 위로 흐르는 바람직한 흐름이 이뤄지고 있는가이다. 소비자는 합리적인 가격으로 품질 좋은 상품 및 서비스를 제공받고 싶어 한다. 그것을 충족시키는 것이 바로 진정한 유통이다.

| 80 대 20의 법칙 |

그렇다고 네트워크 마케팅이 완전무결하다는 얘기는 아니다. 네트워크 마케팅 비즈니스에서도 실패하는 사람은 있다. 학업에서 낙제하거나 대학을 도중에 포기하는 사람이 있는 것처럼 말이다. 세상을 한번 둘러보라. 어디에나 성공하는 사람이 있으면 실패하는 사람도 있게 마련이 아닌가? 부동산 거래, 정부 업무, 그밖에 다른 모든 일과 마찬가지로 네트워크 마케팅에도 80 대 20의 법칙이 적용된다. 즉, 20퍼센트의 사람들이 80퍼센트의 일을 수행하며 그들이 전체 수익의 80퍼센트를 벌어들인다.

분명 네트워크 마케팅 회사도 실수를 범하며 그중 일부는 누가 보아도 어리석은 일을 저지른다. 네트워크 마케팅 회사들이 내놓은 상품 중에는 시장에서 좋은 반응을 얻기 힘들 정도로 수준 미달인 것도 있다.

피라미드는 합법적이냐 불법적이냐에 상관없이 가치가 아래로 흐르지 않으면 붕괴될 수밖에 없다. 이러한 상황을 악용해 네트워크 마케팅의 이름을 더럽히는 사람들도 있다. 네트워크 마케팅의 개념을 제멋대로 이용해서 더러운 돈벌이 수단으로 전락시키는 사람은 항상 있었다. 애석하게도 모든 비즈니스에는 대형 부패 스캔들의 두 주인공인 엔론의 전 CEO 켄 레이(Ken Lay)와 월드컴의 전 CEO 버니 에버스 같은 인물이 존재한다. 모든 비즈니스가 그렇듯 네트워크 마케팅도 예외는 아니다.

앞서 살펴본 것처럼 네트워크 마케팅은 통념을 벗어난 새로운 유통 및 판매 방식이다. 따라서 지금은 네트워크 마케팅을 시작하기에 더할 나위 없이 좋은 때다. 물론 몸과 마음 그리고 돈을 현상 유지에 가장 많이 투자하는 사람은 네트워크 마케팅이 썩 마음에 들지 않을 것이다. 통념적인 스위스 시계 패러다임을 고수하던 사람들처럼 말이다.

"모두가 하류로 흘러가고 있을 때 상류로 헤엄치라."고 했던 샘 월튼의 충고를 기억하라. 비닐 레코드판을 만들던 사람들이 맨 처음 콤팩트디스크 기술을 접했을 때 과연 호의적인 평가를 했겠는가? 보다 낫고 새로운 방식으로 무언가를 시도하는 사람은 언제나 온몸에 공격의 화살을 받게 되어 있다. 비관론자들은 사방에 널려 있으니 말이다(대체 누가 이들에게 돈을 주는지 궁금할 따름이다).

| 피라미드의 힘 |

재미 삼아 미화 1달러짜리 지폐 한 장을 꺼내보라. 지폐를 뒤집어 왼편을 보라. 무엇이 보이는가? 분명 피라미드가 보일 것이다!

미국을 건국한 사람들은 피라미드를 강하고 영속적인 구조물로 인식했다. 기하학적으로 피라미드는 모든 건축물 중에서 가장 튼튼하다고 한다. 바닥은 넓고 꼭대기로 갈수록 좁아지는 구조는 엄청난 무게를 지탱하고 자연의 맹렬한 위력도 잘 견뎌낸다.

미국 건국의 아버지(Founding Father)들은 프리메이슨(중세 석공조합을 모체로 한 세계 시민주의적, 인도주의적 친목 단체 - 옮긴이)주의자였다. 프리메이슨은 세계 최초로 평등한 기회, 선택의 자유, 언론의 자유, 자유기업의 원칙에 기반을 둔 진정한 민주주의를 주창했다. 이러한 의식을 반영하듯 지폐의 피라미드에는 라틴어로 된 금언이 적혀 있다. 위에는 '신은 우리가 하는 일을 도와주신다(Annuit Ceoptis)', 아래에는 '새로운 시대의 질서(Novus Ordo Seclorum)' 라고 적혀 있다.

자유기업을 추종하는 미국을 피라미드를 통해 형상화한 것이 흥미롭지 않은가! 만약 자유기업 정신을 가장 잘 구현한 완전무결하고 민주적인 예가 하나 있다면, 그것은 다름 아닌 네트워크 마케팅이다.

| **네트워크의 힘 - 기독교** |

   네트워크의 놀라운 힘을 가장 잘 보여주는 사례는 아마 기독교일 것이다.

   약 2,000년 전, 예수 그리스도는 불현듯 세상에 나타나 설득력 있는 메시지로 새로운 삶의 방식을 제시했다. 그는 자신의 주위에 몇몇 사람을 불러 모아 핵심 그룹을 만들었다. 그들은 어부, 징세원, 청소년 같이 평범한 사람들로 예수의 통찰력을 느끼고 그의 꿈을 함께 나누는 사람들이었다. 예수는 처음에는 개인, 그다음에는 소규모 그룹 그리고 대규모 집회 참여자들을 대상으로 교리를 설파했고 이것은 사람들의 입을 통해 세계로 퍼져 나갔다.

   물론 그를 따르는 열렬한 신봉자 중에서도 한 명은 그를 배반했고 몇몇은 그를 부인하거나 의심했지만 그건 문제가 되지 않았다. 예수의 새로운 삶의 방식이 매우 확고해 흔들리지 않았던 것이다. 그 강력한 신념은 그가 육체적으로 세상을 떠난 후에도 오래도록 퍼져 나갔다.

   그로부터 거의 2,000년이 흐른 지금, 소수의 신봉자가 수세기에 걸쳐 입으로 전한 예수의 메시지는 그를 처음 믿었던 이들조차 감히 상상도 하지 못했을 만큼 많은 사람에게 퍼졌다. 오늘날 전 세계 인구의 25퍼센트 이상이 기독교도로 알려져 있다. 10억 명 이상이 기독교를 믿고 있으며 그 수는 지금도 계속 늘어나고 있는 중이다!

전 세계에 기독교를 전파하는 데는 오늘날 네트워크 마케팅에서 적용하는 원칙이 그대로 적용되었다. 그것은 입소문, 일대일로 이루어지는 추천, 보증, 열정적인 나눔, 다른 사람의 성공에 대한 배려, 인정, 우정, 동료애 등의 원칙이다.

이처럼 기독교는 네트워크의 놀라운 힘을 보여주는 완벽한 예라고 할 수 있다.

네트워크 마케팅은 어떻게 움직이는가

네트워크 마케팅은 그 단순성과 효과 면에서 가히 뛰어난 비즈니스 모델이다.

일단 네트워크 마케팅 회사가 상품 및 서비스를 제조한다. 그다음에는 독립적인 네트워커의 네트워크 그룹과 파트너십을 맺는다. 이들 네트워커는 각자 자신의 사업을 운영하는 독립적인 사업자다. 회사는 연구 및 개발, 회계, 경영, 홍보, 물류, 생산, 포장, 품질 관리, 행정, 배송, 데이터 처리 등 비즈니스에 필요한 제반 사항을 담당하며 모든 네트워커에게 보너스(후원수당)를 지급한다. 그리고 네트워커는 회사의 상품 및 서비스를 마케팅하는 역할을 수행한다.

광고회사의 경영주들은 오늘날 상품을 소비자에게 판매하는 비용의 거의 80퍼센트가 마케팅 경비에 들어간다고 말한다. 『USA 투데이』의 보도에 따르면 마케터들은 주요 매체 광고 및 우편물에 무려 2,700억 달러를 지출한다고 한다. 가까운 미래에는 '광고의 신천지'인 소형 스크린 기기(아이팟, 휴대전화, 노트북, 블랙베리, 비디오 게임)에 대한 광고비로 수십억 달러의 예산을 추가로 책정할 전망이다.

  이것이 바로 네트워크 마케팅 회사가 네트워커들에게 많은 보너스(후원수당)를 지급할 수 있는 이유다. 이들 회사는 언론 매체에 대대적인 광고를 집행하는 대신, 광고비에 해당하는 돈을 보너스의 형태로 네트워커에게 지불한다. 또한 네트워크 마케팅 회사는 광고비 지출을 없애고 그 돈으로 네트워커들이 상품을 마케팅하는 데 필요한 것들을 지원해준다. 예를 들면 온라인 주문 사이트, 온라인 정보 및 교육, 테이프, 전단지 등이 있다. 그뿐 아니라 네트워크 마케팅 회사들은 비즈니스를 성장시키는 방법과 관련해 교육을 실시하기도 한다.

  네트워커는 그 규모에 상관없이 독립적인 네트워크 그룹을 구축해 가능한 많은 상품 및 서비스를 소비자에게 전달하는 것을 목표로 삼는다. 그들은 네트워크 그룹을 통해 유통된 모든 상품 및 서비스에 대해 보너스(후원수당)를 받기 때문이다. 개별 네트워커가 개인적으로 유통시킬 수 있는 상품 및 서비스는 소량에 불과하므로 이들은 같은 목적을 추구하는 사람들을 자신의 비즈니스에 참여시킨다. 네트워커는 규모가 큰 네트워크 그룹을 구축한 데 대한 보상으로 전체 그룹의 판매량에 따라 보너스를 받을 수 있다.

  각각의 네트워커는 소량의 상품을 유통시키지만 규모가 큰 네트워크 그룹의 작은 보너스가 모이면 커다란 수익으로 전환된다. 이것이 바로 네트워커와 그 회사가 전통적인 직접 판매 방식에 비해 우위를 점하는 부분이자 네트워크 마케팅의 다양한 장점 중 하나다.

| 작은 몫을 담당하는 다수의 힘 |

전통적인 직접 판매의 성공은 다량의 상품을 판매할 수 있는 소수의 뛰어난 영업사원의 능력에 달려 있다. 네트워크 마케팅은 이와 정반대다. 네트워크 마케팅에서의 성공은 각자 조금씩 자기 몫을 담당하는 다수의 사람들 손에 좌우된다.

네트워커는 독립적인 네트워커가 모인 네트워크 그룹을 구축한다. 이들 네트워커는 상품을 유통시키고 네트워커의 네트워크를 구축함으로써 스스로 네트워크 마케팅 비즈니스를 운영한다. 일단 네트워크 그룹에 참여하면 참여 시기에 관계없이 여러분은 언제나 자신이 운영하는 비즈니스의 최고경영자가 된다. 말하자면 여러분은 피라미드의 맨 꼭대기에 서게 된다.

가장 높은 위치에 한 명의 최고경영자를 두는 기존의 회사와 달리, 네트워크 마케팅 회사에서는 누구나 자신이 만든 독립적인 네트워크 그룹의 CEO가 된다. 말 그대로 네트워크 마케팅 회사는 CEO들의 네트워크라고 할 수 있다.

| **회사도 이득을 본다** |

　네트워크 마케팅 회사의 조직 구조에는 커다란 이점이 있다. 우선 유통과 판매비용을 엄청나게 절감하는 효과가 있다 (상품가격의 무려 80퍼센트가 마케팅 비용이라는 사실을 기억하라).

　네트워커들이 마케팅을 수행하는 대신, 회사는 상품에서부터 판촉물에 이르기까지 마케팅에 필요한 모든 것을 네트워커에게 공급하는 협력관계를 구축한다. 물론 이것은 회사에도 이득이 된다. 간접비가 적게 드는데다 비즈니스를 운영할 때 기본적으로 필요한 여러 가지 비용이 들어가지 않기 때문이다.

　네트워크 마케팅 회사는 사내 영업사원을 두지 않으므로 그들에게 월급을 지급할 필요가 없다. 당연히 영업사원들의 사무실, 지원부서, 전화, 차량, 출장, 오락 등에 들어가는 경비도 발생하지 않는다.

　네트워크 마케팅 회사는 브랜드 인지도를 강화하려는 목적이 아니면 광고를 집행할 필요도 없다. 네트워커들이 시대를 막론하고 가장 강력한 광고수단으로 알려진 입소문을 통해 상품을 널리 알리기 때문이다. 상품을 사용해본 사람의 직접적인 추천은 소비자에게 특별한 상품을 알리고 교육하는 가장 좋은 방법이다. 새롭고 독특하며 품질이 뛰어난 상품들 중에 유독 네트워크 마케팅을 통해 알려진 것이 많은 이유가 바로 여기에 있다.

네트워크 마케팅 회사는 도매상, 브로커, 매장 관리자, 사무직원 등 중간 단계에 있는 모든 인력을 고용할 필요가 없다. 따라서 그들에게 급여 및 기타 특전을 제공할 일도 없다. 네트워크 마케팅 회사는 이러한 과정을 과감히 제거하고 그렇게 절감한 돈을 상품 유통에 기여한 네트워커에게 보너스(후원수당)로 지불한다.

네트워크 마케팅의 원리는 이처럼 단순하다. 그것도 놀랍도록 단순하다. 네트워크 마케팅에는 수수께끼처럼 이해하기 어려운 요소가 거의 없다. 네트워크 마케팅은 그저 마케팅과 유통의 또 다른 형태일 뿐이다. 그렇다면 이것을 보다 새롭고 차별화된 방식이라고 말할 수 있을까? 그 판단은 여러분에게 맡긴다.

| 복제 – 네트워커들이 비즈니스를 구축하는 방법 |

혹시 배가(doubling) 개념에 대해 들어본 적이 있는가?
'복제'라는 말은 원래 배가한다는 의미를 지니고 있다. 이러한 배가 개념은 부의 창출과 네트워크 마케팅에서 적용하는 강력한 수단 중 하나다. 배가 개념을 보다 쉽게 이해하기 위해 아래의 가상 시나리오를 실제 상황이라 생각하고 읽어보기 바란다.

만약 내가 지금 여러분에게 100만 달러를 현금으로 주거나 아니면 한 달 동안 매일 두 배가 되는 1페니를 주겠다고 한다면, 여러분은 둘 중 어느 쪽을 선택하겠는가? 여러분이 다른 보통 사람들과 같다면 아마 100만 달러를 선택할 것이다. 부디 내 충고를 받아들이길. 그보다는 두 배가 되는 1페니를 선택하는 편이 낫다.

왜 그럴까? 배가 개념에 사람들이 잘 모르는 강력한 힘이 숨어 있기 때문이다.

언뜻 생각할 때 한 달간 매일 두 배가 되는 1페니는 그다지 많은 액수가 아닌 것처럼 보인다. 솔직히 처음에는 그리 많은 돈이 아니다.

그럼 한번 따져보자.

5일째, 여러분은 총 16센트를 갖게 된다.

15일째, 여러분은 163.84달러를 갖게 된다.

아직도 그리 큰돈으로 불어날 것 같지 않다. 그렇지 않은가?(내 충고를 따른 게 후회스럽다면 조금만 기다려라. 아직 할 말이 더 남아 있다)

19일째, 여러분은 2,621달러를 갖게 된다. 그로부터 엿새 후인 25일째(월말이 닷새밖에 남지 않은 날), 여러분은 16만 7,000달러가 조금 넘는 돈을 갖게 된다.

이제부터 이야기가 아주 흥미롭다.

다음 날, 여러분의 돈은 33만 5,000달러가 된다. 그다음 날엔 67만 1,000달러로 불어난다. 그리고 그다음 날, 그러니까

28일째 여러분은 134만 달러가 넘는 돈을 갖게 된다. 마침내 이틀 후인 30일째, 여러분은 총 5억 3,687만 912달러를 갖게 된다! (만약 운이 좋아 31일이 말일인 달을 선택했다면 거의 1,100만 달러에 가까운 돈을 갖게 된다)

이 돈은 날마다 두 배가 되는 1페니에서 불어난 것이다.
이런 배가 개념이 네트워크 마케팅에서 비즈니스가 성장하는 원리다. 덕분에 네트워크 구축은 자유기업 역사상 가장 **빠르게** 비즈니스를 확장하는 수단이 되었다.
네트워커들은 네트워크를 구축함으로써 서로의 비즈니스 성장을 가속화하며 함께 수익을 불려 나간다. 그런 의미에서 네트워크 구축은 자본의 논리만 따르는 것이 아니라 공생을 추구하는 온정적 자본주의에 날개를 달아주는 것과 같다!

| 한 달에 한 명이면 부자가 될 수 있다 |

알고 있다시피 맥도날드가 처음부터 전 세계 곳곳에 1만 개의 매장을 열고 비즈니스를 시작한 것은 아니다. 맥도날드는 하나의 매장으로 시작했다. 네트워크 마케팅을 시작할 때도 마찬가지다. 여러분과 또 다른 한 명이면 충분하다.

매달 한 명을 여러분의 비즈니스에 참여시키는 것이 가능할 것 같은가? 보다 많은 자유와 행복, 안정을 추구하는 데 관심이 있는 사람 그리고 자기 자신과 가족의 삶을 향상시키는 데 관심이 있는 단 한 명의 파트너를 찾을 수 있겠는가?
한 달에 한 명의 파트너를 구하는 것, 그게 전부다!

일단 여러분의 비즈니스에 참여할 사람을 후원(sponsor)하면 여러분은 자동으로 그 사람의 코치이자 교사가 된다. 이 말은 단지 상품을 유통시키는 데 모든 노력을 집중하는 것이 아니라, 다른 사람을 가르치고 멘토 역할을 하는 데도 힘을 기울일 필요가 있다는 뜻이다.

첫째 달에 여러분은 한 명의 새로운 파트너를 영입한다.
둘째 달에는 맨 처음에 영입한 파트너에게 다른 사람을 후원하는 방법을 알려주는 한편, 또 다른 사람을 후원한다.
따라서 둘째 달 말에 여러분은 개인적으로 두 사람을 후원하고 있고, 여러분의 첫 번째 파트너 역시 한 사람을 후원하고 있다. 이로써 여러분은 여러분과 나머지 세 사람, 즉 네 명으로 구성된 네트워크를 구축하게 된다.
셋째 달, 넷째 달, 다섯째 달로 넘어가면서 계속 이런 식으로 진행한다.

첫해가 끝나갈 무렵, 여러분은 한 달에 한 명씩 파트너를 늘려 이제 모두 열두 명을 후원하게 된다. 그 파트너들 역시 한 달에 한 명씩 후원할 사람을 늘렸을 것이다. 또한 그들이 후원한 사람들도 마찬가지다. 이제 네트워크의 진정한 묘미, 다시 말해 배가 개념의 놀라운 위력을 확인할 때다. 한 달에 단 한 명에게 파트너를 후원하는 방법을 가르쳤을 뿐인데, 여러분은 **1년이 지난 시점에 무려 4,096명의 파트너를 거느린 그룹을 이끌게 된다!**

| 최악의 시나리오조차 나쁘지 않다! |

이런 완벽한 시나리오는 왠지 거리감이 느껴진다. 그렇지 않은가? 그러니 우리가 사는 현실 세계를 반영해 다시 한 번 시나리오를 구성해보자. 짜증스럽게도 "잘못될 것 같은 일은 결국 잘못되고 만다."는 머피의 법칙은 종종 우리를 괴롭힌다.

여러분의 네트워크에 속한 네트워커들의 80퍼센트가 더 이상 상품 유통에 관심을 기울이지 않는다고 해보자(앞서 지적했듯 모든 비즈니스의 80퍼센트는 시작한 첫해에 실패한다). 그렇다고 모든 것을 잃은 건 아니다. 이들이 유통에 신경 쓰지 않더라도 그들은 여전히 소비자로 남는다. 따라서 그들이 비즈니스를 하지 않더라도 여러분은 최소한 그들의 재구매 물량에 대한 보너스를 받을 수 있다(이들은 이제 상품 유통에 관여하지 않지만 여전히 여러분의 비즈니스에 기여하는 셈이다. 이 얼마나 반가운 일인가).

그럼 여기서 좀 더 나아가보자. 최악 중에서도 최악인 상황을 상정해보자. 가령 여러분이 후원하는 사람들 열 명 중 아홉 명이 비즈니스를 그만둔다고 하자. 설상가상으로 여러분의 네트워크 그룹 전체의 90퍼센트가 일을 그만둔다고 해보자.

그야말로 최악이다. 전통적인 비즈니스에서 이러한 일이 벌어졌다면 여러분은 분명 심각한 위기에 봉착할 것이다.

하지만 지금 우리가 이야기하는 것은 전통적인 비즈니스가 아니라 네트워크 마케팅이다. 덕분에 희망은 있다. 여러분의 그룹에는 아직 10퍼센트의 사람들이 남아 있다. 4,096명의 10퍼센트면 400명이 약간 넘는 사람들이 아직 여러분 그룹의 구성원이다. 그들 개개인은 여러분과 마찬가지로 지금도 새로운 사람들을 참여시키는 한편 비즈니스를 운영하는 법을 가르친다.

그 400명은 모두 회사의 상품을 사용하는 동시에 유통시키고 있다. 네트워커는 네트워크 그룹의 상품 유통으로부터 수익금을 얻는다는 사실을 기억하라. 만약 여러분의 그룹 구성원 개개인이 매달 100달러 혹은 1,000달러어치의 상품을 거래한다면, 상품 매출총액은 한 달에 4만 달러에서 40만 달러 사이를 기록하게 된다.

드디어 네트워크 마케팅의 원리가 빛을 발하는 순간이 왔다. 앞서 말했듯 네트워크 마케팅 회사는 총판매 물량을 기준으로 네트워커들에게 보너스(후원수당)를 지불한다. 만약 회사가 여러분의 매출 물량에 5퍼센트의 보너스(후원수당)를 지급한다면 여러분은 매달 2,000달러에서 2만 달러 사이의 돈을 벌게 된다.

이제 여러분은 네트워크 마케팅의 위력을 어느 정도 알게 되었을 것이다. 그러면 이쯤에서 네트워크 마케팅의 역사를 잠시 살펴보자.

| 네트워크 마케팅의 역사 |

1940년 초, '캘리포니아 바이타민스(California Vitamins)'는 자사의 신규 판매원들이 모두 스스로 제품을 써보고 만족한 소비자이고, 그들의 새로운 고객은 대부분 친구나 가족이라는 것을 알게 되었다. 또한 이 회사는 혼자서 많은 상품을 판매하는 소수의 뛰어난 영업사원을 찾는 것보다, 소량의 상품을 판매하는 다수의 평범한 영업사원을 찾는 것이 더 쉽다는 사실도 알게 되었다.

이에 따라 이 회사는 두 가지 사항을 현명하게 접목시켜 영업사원이 제품에 만족한 소비자(대부분 영업사원의 친구나 가족)를 새로운 판매자로 영입할 수 있도록 하는 마케팅 및 보상 체계를 고안했다. 그리고 그룹 전체가 달성한 매출에 따라 보너스를 주는 방법으로 영업사원들에게 보수를 지급했다. 유통 네트워크에 속한 개개인의 판매량은 몇 백 달러에 불과했지만 그룹 전체의 매출은 수만 달러에 이르렀다.

네트워크 마케팅은 이런 과정으로 탄생했다. 네트워크 마케팅은 실로 먼 길을 걸어왔다!

오늘날 네트워크 마케팅은 어디에 있는가?

현재 수천 개의 네트워크 마케팅 회사가 미국, 캐나다, 멕시코, 남미, 영국, 유럽, 호주, 뉴질랜드, 이스라엘, 일본, 한국 그리고 환태평양 지역에서 비즈니스를 전개하고 있다. 놀랍게도 국토가 작은 말레이시아에만 해도 800개가 넘는 네트워크 마케팅 회사가 활동한다!

│ 어떤 회사가 네트워크 마케팅에 참여하는가? │

네트워크 마케팅은 1,000억 달러 규모의 국제 산업으로 알려져 있다. 참여 회사도 『포천』지 선정 500대 기업 및 뉴욕증권거래소 상장기업으로 구성되어 있다. 세계에서 두 번째로 많은 자산을 보유한 워런 버핏은 세 개의 네트워크 마케팅 회사를 소유하고 있다. 가정용품의 대표주자 콜게이트-팜올리브(Colgate-Palmolive) 역시 성업 중인 몇몇 네트워크 마케팅 회사를 계열사로 거느리고 있다.

네트워크 마케팅 회사는 지난 50년간 혁신을 거듭해왔다. 이는 그들의 생산 품목에서 첨단을 걷는 하이테크 상품 및 서비스가 많은 부분을 차지한다는 사실에서도 여실히 드러난다. 예를 들어 네트워크 마케팅 회사는 첨가제와 방부제가 들어 있지 않아 환경에 무해한 상품, 농약을 사용하지 않은 미생물 분해성 상품 및 포장 그리고 동물 실험을 하지 않은 상품 등으로 업계를 선도한다. 그것도 이들 상품이 새로운 마케팅 트렌드로 인기를 끌기 몇 년 전부터 시장에 내놓았다.

사실 네트워크 마케팅 회사는 다양한 산업을 개척해왔다.

가령 강장 음료, 체중 감량 상품 및 시스템, 건강 스낵, 천연 비타민 및 무기질 영양 보조제, 정수기, 환경친화적 세제 등이 있다. 나아가 네트워크 마케팅이 세계적인 호응을 얻으면서 점점 더 많은 상품이 이 역동적인 산업을 통해 세상에 소개되고 있다.

오늘날에는 상점에서 찾아볼 수 없는 상품도 얼마든지 대량 구매가 가능하며 상품 및 서비스의 종류는 거의 끝이 없을 정도다. 식료품은 물론 자동차, 통신(휴대폰) 서비스, 스포츠용품, 자기계발 테이프 및 기기, 여행 할인 서비스에 이르기까지 그 종류가 매우 방대하며 지금도 계속해서 늘어나고 있다!

어떤 사람들이 네트워크 마케팅에 참여하는가?

바로 여러분이나 나 같은 사람들이다. 은행장, 도배업자, 주부, 하청업자, 지압 전문가, 코미디언, 엔지니어, 경찰, 수위, 재무 설계사, 고정 수입으로 살아가는 은퇴자, 요트로 세계 여행을 즐기는 은퇴자, 그밖에 생각할 수 있는 모든 직업 및 부류의 사람들이 네트워크 마케팅에 참여하고 있다.

네트워크 마케팅에서 중요한 것은 여러분이 어디에서 출발했느냐가 아니라 어디에서 매듭을 짓느냐 하는 것이다. 열린 사고방식과 긍정적인 자세 그리고 배우고자 하는 마음만 있다면, 어디에서 출발했느냐에 상관없이 누구나 수익성 높은 자기 사업으로 좋은 결실을 맺을 수 있다.

| 협력 vs. 경쟁 |

　네트워크 마케팅이 성공적인 중요한 이유 중 하나는 경쟁이 아닌 협력에 바탕을 두고 있기 때문이다. 전통적인 비즈니스와 달리 네트워크 마케팅에서는 여러분의 그룹, 회사 나아가 업계 전체에 속한 모든 사람의 성공을 돕는 것이 여러분의 커리어 발전에 직접적인 영향을 미친다.
　이는 죽어서 갑자기 성 베드로의 문 앞에 서게 된 한 여자의 이야기와 비슷하다. 여자는 성 베드로에게 천국과 지옥의 차이가 무엇인지 알려달라고 부탁했다.

　성 베드로는 먼저 그녀를 지옥으로 데려갔다. 그곳에서 그녀가 본 것은 끝없이 펼쳐진 잔칫상 위에 진귀하고 먹음직스러운 음식이 가득 차려진 광경이었다. 그런데 이상한 것은 그 앞에 앉아 있는 사람들의 모습이었다. 그들은 자신의 머리카락을 움켜쥐고 비명을 지르거나 울었고, 입고 있는 옷을 갈기갈기 찢고 있었다. 그녀는 그토록 끔찍한 고통과 절규의 모습을 한 번도 본 적이 없었다.
　그녀는 진수성찬을 앞에 두고 사람들이 고통스러워하는 이유가 무엇이냐고 성 베드로에게 물어볼 참이었다. 하지만 질문을 하기도 전에 그녀는 곧바로 그 이유를 알 수 있었다. 사람들 앞에 놓인 식사도구의 길이가 1미터에 달했던 것이다. 상 앞에 앉은 사람들 중 누구도 진수성찬을 맛보지 못했다.
　다음으로 천국에 갔을 때 그녀는 똑같은 광경을 발견했다. 끝없이 펼쳐진 잔칫상도 똑같았고 진귀하고 먹음직스런 음식도 마찬가지였다. 여기에다 1미터 길이의 포크와 스푼도 똑같았다. 그런데 이곳에서는 모든 사람이 웃고 즐기며 행복한 시간을 보내고 있었다.

그녀가 큰소리로 물었다.

"이해할 수가 없네요. 왜 여기에서는 모두가 이렇게 행복한 거죠?"

성 베드로가 속삭였다.

"여기는 천국이기 때문이오. 이곳에서는 사람들이 상너머로 서로 음식을 먹여주고 있다오."

네트워크 마케팅 역시 경쟁 대신 **협력**을 택한다. 이것은 점점 더 많은 사람들이 네트워크 마케팅에 매료되는 강력한 동인 중 하나다. 사실 네트워크 마케팅을 가장 잘 표현하는 임파워먼트(empowerment, 권한 부여 및 분산)는 이미 비즈니스계의 유행어로 자리 잡았다. 네트워크 마케팅은 가히 모든 비즈니스 중에서 임파워먼트가 가장 확실히 이루어지는 비즈니스다!

사람들은 왜 네트워크 마케팅에 참여하는가?

사람들이 네트워크 마케팅에 참여하는 이유는 보다 나은 삶, 좀 더 **나은 방식**의 일을 원하기 때문이다.

사람들이 네트워크 마케팅에 참여하는 이유는 자기 사업을 하면서 스스로 **자유롭게** 스케줄을 짜고 싶기 때문이다.

사람들이 네트워크 마케팅에 참여하는 이유는 남의 성공을 **도움**으로써 자신의 성공을 도울 수 있기를 바라기 때문이다.

사람들이 네트워크 마케팅에 참여하는 이유는 자신의 **꿈**을

실현하고 싶기 때문이다.

　사람들이 네트워크 마케팅에 참여하는 이유는 더 나은 방향으로 삶을 바꾸기 위해 무언가를 할 **용기와 의지**가 있기 때문이다.

　사람들이 네트워크 마케팅에 참여하는 이유는 자신이 하는 일의 가치가 아니라 **자신의 진정한 가치에 따라 보수를 받고 싶은 열망** 때문이다.

　사람들이 네트워크 마케팅에 참여하는 이유는 네트워크 마케팅이 선사하는 근사한 기회를 알려주고 싶을 만큼 진심으로 아끼는 **누군가**가 있기 때문이다.

　사람들이 네트워크 마케팅에 참여하는 이유는 **변화**를 맞이할 준비가 되었기 때문이다.

| 미래는 지금이다 |

　진실을 말하자면 네트워크 마케팅은 여러분의 미래다. 여러분은 언젠가 어떤 방식으로든 네트워크 마케팅과 관련을 맺게 될 것이다. 그 방식을 결정짓는 사람은 다른 누구도 아닌 바로 여러분 자신이다. 여러분은 네트워커로부터 많은 상품을 구매함으로써 돈을 지출하는 쪽이 될 수도 있고, 반대로 상품을 판매하고 네트워크 그룹을 구축함으로써 돈을 버는 쪽이 될 수도 있다.

　그 선택은 바로 여러분의 몫이다.

　스스로에게 질문을 해보라.

"나는 돈을 쓰는 사람이 될 것인가, 아니면 돈을 버는 사람이 될 것인가?"

오늘날 우리는 맞벌이를 해도 우리의 부모 세대가 외벌이로 살아온 생활수준으로 살 수가 없다. 지금은 새로운 시대다. 미국 역사상 한 세대가 그들의 부모 세대보다 경제적으로 더 어려워진 것은 처음 있는 일이다. 오늘날의 근로자 세대는 그들 부모의 세대에 비해 경제적으로 열악한 상황에 놓여 있다는 말이다.

미국 전체 인구 중에서 단 0.5퍼센트만 1년에 10만 달러 이상을 번다. 만약 여러분도 그들 중 한 사람이 되고 싶다면 뭔가 남과 다른 새로운 것을 시도해야 한다.

| 네트워크 마케팅 - 경제적 자유로 향하는 새로운 길 |

돈을 벌기 위해 시간을 희생시키는 방식으로는 결코 진정한 그리고 지속적인 부를 창출할 수 없다. 의사, 변호사, 인디언 추장도 이제는 더 이상 그렇게 하지 못한다. 많은 돈을 내고 대학을 졸업한 사람들도 그럴 수 없다면 여러분은 어떻게 부를 창출하겠는가?

네트워크 마케팅 비즈니스에 참여하면 여러분은 돈을 벌기 위해 시간을 희생시키는 굴레에서 벗어날 수 있다. 로열티나 인세처럼 지속적이고 반복적인 수입이 존재하는 곳이 바로 네트워크 마케팅 비즈니스다. 자영업자 가운데 한 달간 휴가를 보내고 돌아왔을 때, 휴가를 떠나기 전보다 더 많은 수입이 들어온 것을 확인할 수 있는 사람이 몇이나 될까? 아니, 그보다 한 달간 자리를 비웠다가 돌아왔을 때 사업이 온전히 굴러가고 있음을 확인할 수 있는 자영업자가 몇이나 될까?

네트워크 마케팅 비즈니스라면 여러분이 한 달간 휴가를 떠나도 더 많은 수입과 온전한 사업 유지가 가능하다. 내가 아는 네트워커 중에는 신혼여행이나 장기 휴가를 떠났다가 돌아왔을 때 휴가를 가기 전보다 더 많은 수입이 들어온 것을 확인한 사람이 꽤 많다! 이것이 바로 '지속적이고 반복적인 수입'의 위력이다!

만약 여러분이 여성이라면, 소수 민족이라면, 대학을 졸업하지 않았다면, 일반적으로 기업과 전문직은 여러분에게 문을 잘 열어주지 않는다. 그러나 네트워크 마케팅의 문은 활짝 열려 있다. 이 비즈니스에는 어떤 종류의 유리천장도 없다. 네트워크 마케팅에서라면 여러분은 얼마든지 자유로울 수 있다.

이미 말했다시피 나는 여러분과 다를 바 없는 평범한 사람이다. 남보다 더 똑똑하지도 않고 대학을 나왔지만 경제적으로 독립하는 방법을 배우지 못했다. 먹고살기 위해 이런저런 일에 종사했는데 그것은 대부분 남들의 지시를 받는 일이었다. 매일 교통체증에 시달리며 출근도장을 찍었고 경쟁에서 뒤지지 않기 위해 허덕거려야 했다.

나는 시간당 5.5달러를 받고 보트를 만들었고 식당에서 웨이터로 일하기도 했다. 그때는 어디로 나아가겠다는 목표도 없이 살았다. 사업에 도전했다가 실패하기도 했는데 적절한 시기에 손을 털었음에도 20만 달러의 손해를 보았다.

현재 나는 네트워크 마케팅에 참여한 덕분에 경제적으로 자유롭다. 여러분도 경제적으로 자유롭다고 말할 수 있는가? 일할 마음이 있고 배울 자세가 되어 있으며 성공하고 싶다는 욕망이 있다면 여러분은 분명 네트워크 마케팅에서 꿈을 실현할 수 있을 것이다.

준비되어 있는가?

유명 토크쇼 진행자 조니 카슨(Johnny Carson)이 언젠가 이런 말을 했다.

"준비되어 있지 않다면 당신은 결코 적절한 장소도, 적절한 시간도 만날 수 없을 것이다. 가장 중요한 것은 '당신이 준비되어 있는가?' 하는 것이다."

바로 지금, 바로 여기가 네트워크 마케팅을 하기에 가장 좋은 시간이자 가장 좋은 장소다.

흥미롭게도 인간은 변화에 저항하는 습성이 강하다. 재앙의 조짐이 사방에 널려 있을 때조차 우리는 안전지대에 머물기를 원한다. 우리가 가장 불편할 때나 불행할 때조차 변화하기를 주저한다.

이제 더 이상 번지르르한 말로 합리화하지 말자. 세상을 바꾸려면 여러분이 먼저 변해야 한다. 상황을 개선하려면 여러분이 먼저 나아져야 한다.

물론 스스로 변하는 대신 부모, 상사, 정부, 그밖에 다른 누군가를 비난할 수도 있다. 그러나 이것 하나만은 분명하다. 변화하는 것보다 그렇지 않을 때 고통이 더 크다면 여러분도 변할 거라는 사실이다! "방향을 바꾸지 않으면 결국 이대로 끝나게 된다."는 중국 속담도 있다.

자기 자신에게 솔직해지자. 여러분은 지금 여러분이 향하는 방향이 마음에 드는가?
어쩌면 지금이 변화해야 할 시점인지도 모른다.
어쩌면 지금이 네트워크 마케팅을 보다 면밀히 살펴볼 시점인지도 모른다.

제13장 네트워크 마케팅이 그렇게 좋다면 왜 우리는 그것에 관한 진실을 듣지 못했을까

> "내 관심사는 미래다. 왜냐하면 내가 남은 인생을 보낼 곳은 바로 미래이기 때문이다."
>
> – 찰스 F. 케터링, 미국 발명가

왜 우리는 네트워크 마케팅에 관한 진실을 듣지 못했을까? 세상에는 그리 정직하지도, 현명하지도 않은 사람들이 꽤 많기 때문이다. 남에게 해를 끼치면 결국 자기 자신이 가장 큰 해를 보게 된다는 사실을 모르는 근시안적인 사람들 말이다.

이 책의 부제가 기억나는가?

'여러분의 상사가 아직도 여러분이 읽을까 봐 겁내는 바로 그 책!' 이다.

내가 이렇게 말한 이유가 무얼까?

그것은 여러분이 삶과 일을 영위하는 보다 나은 방법을 배우는 것이 상사에게 그리 득이 되지 않기 때문이다. 그 방법을 배우면 여러분은 굳이 정시 근무를 할 필요도 없고 돈을 벌기 위해 시간을 희생시키는 불안정한 굴레에 갇힐 필요도 없다.

"**당신 해고야!**"라는 말 한마디면 여러분을 거리로 내쫓을 수 있는 누군가에게 여러분의 인생을 저당 잡힐 필요도 없다.

세상에는 '뭐든지 아는 체하는' 상사들이 참으로 많다! 여기서 말하는 상사가 반드시 직장상사만 의미하는 것은 아니다. 정부, 학교, 기업, 이웃, 가족에 속한 소위 상사처럼 구는 사람들을 뜻한다. 그들은 여러분과 나에게 최선이 무엇인지 안다고 말한다. 그렇다면 그들이 진정으로 원하는 것이 여러분의 이익일까, 아니면 그들 자신의 이익일까?

| 평범한 사람에게도 힘을 |

권력을 쥐고 있는 사람들이 가장 두려워하는 것은 무언가를 잃는 것이다. 즉, 그들은 현재 갖고 있는 힘을 잃을까 봐 두려워한다. 그렇기 때문에 곳곳에서 그러한 재앙이 다가오고 있음을 느낄 때 그들은 그 메시지를 달가워하지 않는다. 그들은 어떤 행동을 취하는가? 그 메시지를 전하는 전령을 쏘아버리려 한다.

네트워크 마케팅이 전하는 메시지는 '오직 상사에게만 힘을'이 아니라 '**모든** 사람에게 힘을'이다.

1960년대 이래로 세상은 많이 바뀌어왔다. 반체제 운동을 기억하는가? 얼마나 많은 사람이 세상이 돌아가는 방식을 바꾸고 싶어 했는가? 그 혁명이 성공하지 못한 한 가지 이유는 낡은 패러다임을 대체할 만한 더 나은 새 패러다임을 구축하기보다 불평을 늘어놓으며 현재의 것을 무너뜨리려고만 했던 탓이다.

그때는 그때고 지금은 지금이다.

지금 우리에게는 삶과 일을 영위하는 보다 새롭고 향상된 패러다임이 있다.

| 무지와 두려움 - 최악의 결합! |

점점 더 많은 네트워크 마케팅 회사가 방탄조끼를 입듯 방어 태세를 취하는 이유가 여기에 있다. 로마인이 기독교도를 어떻게 다뤘는지 기억하는가? 그들은 기독교도를 사자들에게 먹잇감으로 던져주었다! 처음 프랜차이즈 비즈니스가 등장했을 때 기득권 세력이 어떻게 행동했는지 기억하는가? 그들은 프랜차이즈를 사기이자 협잡이라고 몰아붙였다. 프랜차이즈의 메시지에 위협을 느낀 그들은 그 전령에게 사정없이 총구를 겨눠 벌집을 만들어버렸다.

1900년대 초, 콜로라도의 광산 도시에서 처음으로 영화를 상영했을 때의 일이다.

영화 속 악당이 여주인공을 위협하기 시작하자 갑자기 영화를 보고 있던 광부 한 명이 벌떡 일어나더니 화면을 향해 빗발치듯 총을 쏘아댔다. 이처럼 무지한 엉터리가 어디 있는가. 그래도 영화는 계속 상영되었다.

| 악당을 쏴라 |

무지한 광부와 마찬가지로 미디어 권력도 악당을 쏘려고 했다. 어쨌든 악당은 시청자를 TV 앞에 모이게 하고 신문 판매 부수를 늘려주니 말이다(악당을 찾아내지 못할 경우 미디어는 악당을 만들어내기도 한다).

앞서 말했듯 1950년대와 60년대 초반에 미디어가 포착한 악당은 당시 막 날갯짓을 시작한 프랜차이즈였다. 그간 우리가 네트워크 마케팅에 관한 진실을 듣지 못한 이유를 이해하기 위해 기존 패러다임 사업자인 백화점과 소매 체인 그리고 미디어가 프랜차이즈에 어떤 공세를 퍼부었는지 간단히 살펴보자.

프랜차이즈가 등장한 초기에 누군가가 프랜차이즈 비즈니스로 돈을 잃었다고 불평하자, 미디어는 프랜차이즈에 관해 찾을 수 있는 온갖 추문을 수소문했다. 그런 다음 실제보다 훨씬 더 이야기를 부풀려가며 프랜차이즈 비즈니스를 무너뜨리려 했다. 왜 그랬을까?

기존의 유통업체인 백화점과 소매 체인들이 업계 강자로 군림하며 TV, 라디오, 신문 광고에 막대한 자금을 쓰고 있는 상황에서 어느 미디어도 그 굵직한 돈줄을 놓치고 싶어 하지 않았기 때문이다.

미디어는 계속해서 나쁜 이야기를 퍼트렸고, 백화점 경영주들은 태동하는 프랜차이즈 업체를 저지하는 법안이 통과되도록 국회의원들에게 입김을 불어넣으려고 전화통에 매달렸다(그리고 지갑을 꺼냈다). 실제로 프랜차이즈 비즈니스의 성장을 저해하는 법안 통과가 가결되기도 했다. 하지만 승리의 여신은 언제나 보다 새로운 방법의 편이 되어준다. 오늘날 프랜차이즈는 미국에서 판매되는 모든 상품 및 서비스의 33퍼센트를 차지하고 있다.

| 실로 돈이 문제다 |

미디어는 우리에게 그들이 중요시하는 것은 돈이 아니라 진실과 정의를 추구하는 것이라고 말한다. 그러나 내가 아는 한, 누군가가 돈이 문제가 아니라고 말하면 백발백중 돈이 문제다!

당시 새롭고 향상된 유통 방식을 표방하는 프랜차이즈에 위협을 느낀 대형 백화점과 유통 체인들은 엄청난 규모로 광고를 집행했다. 반면 신생 업체인 프랜차이즈는 수백만 달러나 되는 광고지면을 확보하기가 쉽지 않았다.

신문, 잡지, 라디오, TV의 수익원은 독자, 구독자, 청취자, 시청자가 아니다. 이들 미디어는 광고주로부터 돈을 벌어들인다. 그것도 어마어마하게 큰돈을 말이다! 만약 여러분이 그 통 큰 광고주 중 하나가 아니라면 절대 우호적인 기사의 주인공이 되기를 기대할 수 없다. 왜 그럴까? 미디어의 돈벌이에

하등 도움이 되지 않기 때문이다.

만약 여러분이 수십억 달러의 마케팅 예산을 집행하는 광고주들의 매출과 수익을 갉아먹는 신생 경쟁사의 마케팅 담당자라면 어떻게 될까?

간이식당 사업으로 번성한 울워스(Woolworth)와 그랜츠(Grants)가 레이 크록(Ray Kroc)의 맥도날드 앞에 기꺼이 무릎을 꿇었다고 생각하는가? 맥도날드가 이들 업체의 시장점유율을 잠식할 정도로 성장하자 신문, 라디오, TV에 막대한 물량의 광고를 집행하던 기존 식당들은 그야말로 전쟁에 돌입했다!

이때 미디어는 과연 어느 편에 섰을까?

심지어 프랜차이즈 비즈니스를 소유했거나 여기에 자본을 투자한 『포천』지 선정 500대 기업조차 그들이 프랜차이즈에 참여했다는 사실이 대중에게 알려지는 것을 두려워했다. 그들은 회의실에서 이렇게 속삭였다.

"조용히 진행합시다. 만약 일이 실패로 끝나더라도 우리가 프랜차이즈 비즈니스에 손을 댔다는 사실을 아무도 모르게 해야 합니다."

부디 용기 있게 행동하기를!

프랜차이즈 비즈니스를 뿌리 뽑으려는 움직임은 보이지 않는 곳에서 거세게 진행되었다.

- 소매업체는 미디어에 압력을 가했다(그들은 매출이 감소하고 있었다).
- 제조업체는 소매업체에 압력을 가했다(그들 역시 마찬가지였다).
- 미디어는 대중에게 압력을 가했다(그들의 광고주가 타격을 입고 있는 가운데 신생 프랜차이즈 업체의 광고비는 기존 광고주가 지출하던 비용에 비해 턱없이 적었다).
- 투표권을 쥐고 있는데다 선거에 큰 영향력을 행사하는 유통업체의 고액 연봉자에게서 로비를 받은 정치인들은 주 및 연방 의회에 압력을 가했다.

이들은 모두 프랜차이즈를 불법으로 규정하는 법안을 통과시키기 위해 사력을 다했다.

| 프랜차이즈가 살아남은 것은 기적이다 |

프랜차이즈는 용케 살아남았을 뿐 아니라 크게 융성했다. 그것이 보다 새롭고 차별화된 방법이었기 때문이다. 무엇보다 우리가 저항할수록 그것은 오히려 지속되게 마련이다.

오늘날 우리가 구매하는 모든 상품 및 서비스의 3분의 1 이상이 맥도날드, 던킨 도너츠, 재저사이즈(Jazzercise), 메일 박스 Etc(Mail Box Etc.), 홀리데이 인(Holiday Inn) 등의 프랜차이즈에서 비롯된 것이다. 이들 프랜차이즈의 연간 수입은 전 세계적으로 1조 억 달러에 육박하며 지금도 두 자리대 성장률을 기록하고 있다!!!

오늘날 프랜차이즈 비즈니스를 공격하는 악성 뉴스 기사를 본 적이 있는가? '20/20' 같은 TV 시사 프로그램에서 프랜차이즈 비즈니스를 문제 삼는 것을 보았는가? 그 대답은 "아니요."다. 대신 우리가 지금 보고 듣는 것은 우리의 문화 의식 속에 깊이 자리 잡은 프랜차이즈 업체의 슬로건이다.

> "당신은 오늘 쉴 자격이 있습니다 (You deserve a break today)."
> "쇠고기는 어디에?(Where's the beef?)"

오늘날 신문, 잡지, 라디오, TV에 프랜차이즈 비즈니스보다 더 많은 광고를 집행하는 산업이 있는가? 현재 프랜차이즈 산업은 막대한 돈을 벌어들이는 동시에 미국 전역에 걸쳐 엄청난 수의 사람들을 고용하고 있다. 프랜차이즈가 경제에 크게 기여하고 많은 세금을 납부하며 무수한 투표권을 행사하는 지금, 정치인과 미디어는 프랜차이즈 산업에 얼마나 협력적이고 긍정적인 태도를 보이고 있는가? 돈이 있으면 만사형통이다. 왜 그런지는 여러분도 잘 알 것이다.

| 전쟁이 머지않았다! |

이제 현실을 직시하자. 프랜차이즈 산업이 초창기에 겪어야 했던 일련의 시련은 네트워크 마케팅의 현 상황과 꼭 맞아떨어진다.

네트워크 마케팅 회사는 전통적인 유통업체, 전자상거래 사이트, 프랜차이즈 업체의 마케팅 예산에 비해 극히 적은 돈을 광고비로 지출한다. 따라서 TV, 라디오, 잡지 등의 전통적인 매체는 물론 인터넷, 소형기기 등의 새로운 매체도 네트워크 마케팅 산업을 전혀 반기지 않는다.

그들의 입장에서는 엎친 데 덮친 격이겠지만 네트워크 마케팅은 점점 더 '콧대를 세우고' 있다. 한마디로 네트워크 마케팅은 자유기업 체제 시장에서 큰 성공을 거두고 있다. 전 세계적으로 수백만 명의 네트워커가 활동하고 수억 명의 고객이 있으며 매년 네트워크 마케팅을 통해 수십억 달러에 달하는 상품이 팔려 나간다!

대기업과 대형 할인점은 이러한 현실을 받아들이기가 쉽지 않을 것이다. 어쩌면 네트워크 마케팅이 미래를 이끌 정답일 수도 있고, 그들이 훔쳐간 자유를 자유기업의 품에 다시 돌려주는 데 성공할지도 모른다는 불안감이 엄습하기 때문이다.

| 경쟁의 경제 |

만약 여러분이 전통적인 골리앗 기업의 회의실에 앉아 점점 매출이 감소하는 상황에 대해 논의하고 있다면? 매출을 훔쳐간 상대가 단순한 경쟁으로는 이기기 어려운 급성장세의 네트워크 마케팅 회사라면? 이런 상황에서 여러분은 무엇을 하겠는가?

만약 여러분이 보다 새롭고 차별화된 네트워크 마케팅으로 인해 비즈니스에 위협을 느끼는 중개인, 소매업자, 도매업자, 미디어 종사자, 트럭 운전기사라면 여러분은 무엇을 하겠는가?

만약 여러분의 친구 중에 주 법무부 장관실에 근무하는 사람이 있다면 아마도 그에게 전화를 걸 것이다. 만약 여러분이 업계 로비스트나 정치운동위원회를 후원해왔다면 아마도 여러분은 그들에게 전화를 걸 것이다. 그렇지 않은가?

만약 여러분이 판촉 부문 부사장 혹은 경영진의 한 사람으로서 수상쩍은 '피라미드 사기' 회사에 시장점유율을 내주고 있는 상황을 주주들에게 빠른 시일 내에 해명해야 한다면, 여러분은 분명 전세를 뒤집기 위해 온갖 수단과 방법을 동원할 것이다. 그렇지 않은가?

기억하라. 여러분의 미래가 위험에 처해 있다. 여러분의 지위, 여러분의 힘, 여러분의 보수가 모두 걸려 있는 문제다!

| 해변의 무법자들 |

앞서 이야기했듯 나는 특정 네트워크 마케팅 회사를 옹호할 의도가 없다. 내가 이 책을 쓴 이유는 산업 전반, 자유기업 자체 그리고 독자에게 사명감을 느끼기 때문이다! 한 가지 장담하건대 나는 무법자들이 해변을 차지하고 있을 때, 결코 야자나무 뒤에 숨어 손톱만 물어뜯는 겁쟁이가 되지는 않을 것이다!

무법자에게는 정정당당히 싸우지 않는다는 공통점이 있다. 그들은 상황이 불리해질 때를 대비해 언제나 힘을 보태줄 패거리들을 달고 다닌다. 미국 재계의 패거리 중 가장 크고 야비한 일원이 바로 미디어다.

만약 인생을 하키 게임에 비유한다면 미디어는 싸움꾼(하키 용어로 '군[goon]')에 해당한다. 군의 역할은 상대 선수를 위협하는 것이다. 그는 마치 터미네이터처럼 얼음 위를 활보하다가 일단 기회를 포착하면 하키 스틱을 집어던지고 상대의 얼굴에 주먹을 날려버린다.

| 미디어 – 미국 재계의 싸움꾼 |

미디어는 대기업의 '군' 노릇을 한다. 어떤 네트워크 마케팅 회사가 시장에 등장해 점수를 획득하기 시작하면 미디어는 싸움꾼을 자처하며 그 회사를 깎아내린다. 광고비 명목으로 미디어에 거액을 지불하는 전통적인 기업들은 자신의 이익을 보호하기 위해 군(싸움꾼)을 출격시킨다. 그러면 약점을 공격당하고 흠씬 두들겨 맞은 네트워크 마케팅 회사를 제외하고 모두가 만족해한다.

이따금 네트워크 마케팅 회사 혹은 그 회사의 성공한 네트워커를 공격하는 폭로성 TV 프로그램을 접하게 되는 이유가 여기에 있다. 이러한 프로그램이 방송을 탄다는 것은 그저 게임을 위해 '군'이 또다시 소집되었다는 의미일 뿐이다. 이 싸움꾼은 상대의 턱을 가격함으로써 평화를 되찾으려 한다.

매년 TV 광고에 수억 달러를 쓰는 대기업의 실상을 폭로하는 프로그램을 마지막으로 본 것이 언제인가? 맥도날드, 펩시 혹은 나이키를 고발하는 프로그램을 보았는가? 결코 본 적이 없다! 나는 지금까지 ABC, NBC, CBS 또는 케이블 방송에서 그런 문제를 고발하는 프로그램을 보지 못했다. 메트로폴리탄 생명보험(Metropolitan Life Insurance Co.)의 그릇된 영업 전술을 상대로 1억 달러를 청구하는 소송을 다루는 방송을 본 적이 없고, 존 핸콕 뮤추얼 생명보험(John Hancock Mutual Life Insurance Co.)이 380만 명의 보험가입자와 6억 달러에 합의했다는 보도를 본 기억도 없다. 미국 푸르덴셜 보험(Prudential Insurance Co. of America)이 영업 사기 소송 건으로 38억 달러에 합의했다는 내용을 다룬 프로그램이나, 바이엘 아스피린 제조사가 가격 담합으로 5,000만 달러의 벌금을 물었다는 보도도 접하지 못했다.

여러분은 그 이유를 알고 있는가? 혹시 "은혜를 원수로 갚지 말라."는 말을 들어보았는가? 도대체 페어플레이 정신은 어디로 간 것일까? 셜록 홈스가 아니더라도 이런 질문에는 쉽게 답할 수 있을 것이다.

네트워크 마케팅 회사나 이들의 뛰어난 네트워커는 언제든 미디어의 좋은 공격 대상이다. 반면 대형 광고주의 비리가 적발되었을 경우 미디어는 '침묵으로 일관'한다. 이처럼 불합리한 일은 실제로 존재해왔다(분명 앞으로도 있을 것이다).

주어진 숙제를 하라

　여기서 한 가지 사실을 분명히 해둘 필요가 있다. 어떤 산업에든 사기와 협잡이 존재하듯 네트워크 마케팅 비즈니스에도 명백히 불법적인 회사가 있다. 모든 산업에는 좋은 회사도 있고 나쁜 회사도 있는 것이 아닌가? 부동산 업계에는 택지 사기가 있고 은행 업계에는 저축 및 대출 사기가 있으며 주식 시장에는 내부자 거래 스캔들이 있다.
　그런데 왜 네트워크 마케팅은 그들과 다를 것이라고 기대하는가? 왜 그들과 달라야 한다고 엄격한 잣대를 들이대는가?

　지금은 누구를 지나치게 신뢰하거나 너무 고지식하게 행동하면 안 되는 시대다. 그러니 눈과 귀를 열고 여러분에게 주어진 숙제를 하라. 상품, 사람, 회사, 그밖에 모든 것을 꼼꼼히 살펴보라! 그러면 여러분이 지금 어떤 일에 참여하려는 것인지 파악할 수 있을 것이다. 이것은 여러분이 어두운 밤거리를 걷든 주식 시장에 투자를 하든 아니면 새로운 사업을 시작하든 어느 경우에나 좋은 충고가 될 수 있다.

광고의 또 다른 사실

　수년 전, 미국에서 가장 오래된 백화점 체인을 설립한 전설적인 인물, 존 워너메이커(John Wanamaker)는 이런 말을 했다. "나는 내가 집행한 광고의 50퍼센트는 낭비라고 생각한다.

단지 문제는 어느 쪽 절반이 그러한지 알지 못한다는 데 있다!"

이 말은 미국 재계를 움직이는 대기업들 앞에서 무색해지고 만다. 광고 및 미디어 분석가들은 광고비 규모가 **연간 2,000억 달러**를 훌쩍 넘으며, 그중 가장 큰 금액은 여전히 TV로 흘러들어 간다고 말한다(인터넷 광고가 빠르게 TV를 따라잡는 중이다). 자, 현실을 똑바로 보자. 미국 재계와 미디어는 단지 침대를 함께 쓰는 사이가 아니라 샴쌍둥이처럼 아예 한 몸을 이루고 있다!

요즘 슈퍼볼 경기 중간의 30초짜리 스폿광고(반짝광고)가 얼마인지 아는가? 2000년에 100만 달러를 기록하던 가격이 지금은 250만 달러 이상을 호가한다. 전통적인 대기업들은 이런 스폿광고를 세 개, 네 개, 다섯 개씩 사서 신디 크로퍼드나 타이거 우즈에게 돈을 뿌린다. 슈퍼볼 경기의 시작 전부터 진행에 이르는 여섯 시간 동안 광고주들은 무려 2억 2,100만 달러를 쓴다. 버드와이저는 열 개의 스폿광고를 사들여 광고주 가운데 가장 많은 광고 방송을 점유했다. 저녁 한때의 광고를 위해 무려 2,000만 달러를 쓴 셈이다.

슈퍼볼 경기 내내 네트워크 마케팅 회사의 광고가 나오는 것을 본 적이 있는가? 그런 광고는 한 번도 나온 적이 없다. 그렇다면 사실을 인정하자. 미디어는 주요 광고비를 쓰지 않는 산업에는 우호적이지 않으며 이는 앞으로도 그럴 것이다!

| 부정적인 동기 |

네트워크 마케팅에 관해 미디어가 쏟아내는 부정적인 보도의 홍수 속에서 과연 긍정적인 측면을 찾아볼 수 있을까? 애석하게도 네트워크 마케팅을 깎아내리는 데 혈안이 된 미디어가 언젠가 이 비즈니스에 찬사를 보내기 시작하는 날이 오면 가장 먼저 그 변화를 기뻐하겠다는 말밖에 할 말이 없다. 그러나 온통 나쁜 소식 속에서도 좋은 결과를 얻을 수 있다는 사실을 보여주는 이야기가 하나 있다.

어느 날, 호기심 많은 개구리 두 마리가 우유 통에 빠졌다. 그 우유 통은 꽤 깊어서 밖으로 나오려면 높이 뛰어올라야 했다. 개구리들은 위로 뛰어올랐지만 누구도 우유 통 끝까지 도달하지 못했다.

두 마리 개구리 중 한 마리는 귀가 잘 들리지 않았다. 그래서 다른 개구리들이 우유 통 주변에 몰려들어 그들을 내려다보고 있다는 것을 알아차리지 못했다. 다른 개구리들은 우유 통 속의 두 개구리를 비웃고 조롱했다. 손가락으로 우유 통에 갇힌 개구리들을 가리키며 웃고 놀리고 욕설을 퍼부었던 것이다.

귀가 밝은 또 한 마리의 개구리는 이런저런 소리를 듣고 몹시 화가 났다. 그는 계속해서 뛰어오르며 혼잣말을 했다.

"저 녀석들에게 본때를 보여주고 말 거야. 내가 너희들을 가만두지 않을 테니 기다려라."

한참 후에 그는 지쳐버렸다. 기분이 상하고 풀이 죽은 그는 바깥에 있는 개구리들이 놀리면 놀릴수록 점점 더 시무룩해졌다. 결국 그는 희망을 잃고 뛰어오르기를 멈추는 바람에 우유에 빠져죽고 말았다.

반면 귀가 잘 들리지 않아 친구들의 부정적인 말을 듣지 못한 개구리는 우유 통 바깥으로 나가려고 계속 뛰어올랐다. 위에 모여 있는 친구들을 올려다볼 때마다 그는 점점 더 의지가 강해졌고 더욱 높이 뛰어올랐다. 그의 꾸준한 뜀박질로 마침내 우유는 버터로 바뀌었고 그는 크게 힘들이지 않고 우유 통에서 빠져나올 수 있었다.

그 개구리가 나왔을 때 다른 개구리들이 물었다. 그렇게 놀리고 욕하는 소리를 듣고도 어떻게 다른 개구리처럼 낙담하지 않을 수 있었느냐고 말이다. 그러자 개구리가 대답했다.

"세상에, 나는 너희들이 나를 욕하는지 전혀 몰랐어. 힘내라고 소리치는 줄만 알았지!"

오늘날 네트워크 마케팅 비즈니스에는 '귀가 잘 들리지 않는 개구리'가 많이 있다. 그들은 미디어가 그들에게 응원의 소리를 보낸다고 생각한다.

| 언론의 자유 — 네트워크 마케팅은 예외 |

미국 헌법 중 가장 유명한 수정 조항 제1조는 모든 시민에게 언론의 자유를 보장한다고 명시하고 있다. 그 일부에 "의회는 언론의 자유를 제한하는 어떠한 법률도 제정할 수 없다."는 대목이 나온다. 하지만 많은 주 정부와 연방통상위원회(FTC)는 언론의 자유를 '제한'하는 듯 보인다. 그들에게는 헌법이 적용되지 않는 모양이다.

여러분이 누구든 무슨 일을 하든 여러분에게는 언제 어디서나 사람들 앞에 나아가 여러분의 수입이 얼마인지 말할 수 있는 자유가 있다. 그러나 여러분이 네트워커라면 얘기는 달라진다. 일부 주에서 네트워커는 자신의 수입(국세청에 신고한 개인의 실제 수입)을 공개적으로 말할 수 없다!

물론 화장실에 들어가 문을 걸어 잠그고 얼굴이 새파랗게 질릴 때까지 최근에 받은 보너스 액수를 혼자 큰소리로 외치는 것은 가능하다. 반면 다른 사람들에게 수입이 얼마인지 말하는 것은 허용되지 않는다. 네트워커가 수입을 공개할 경우 주 법무부는 그를 구금할 수 있다. 수입의 액수가 클수록 FTC는 굶주린 독수리처럼 법을 들이대며 그를 급습할 것이다.

네트워커는 주 법무부가 정한 방식을 따를 경우에 한해 수입을 공개할 수 있다. 즉, 해당 네트워커의 활동 지역 내에서 회사가 지급한 보너스의 합계를 그 지역 내 모든 네트워커(활발히 일하는 사람과 더 이상 현역으로 일하지 않는 사람을 모두 포함해)의 수로 나눈 금액을 공개하는 것은 허용된다. 이는 마치 타이거 우즈에게 그의 수입을 세상 모든 프로 골퍼의 평균 수입으로 환산해 공개하라고 강요하는 것과 같다. 그것도 은퇴한 골퍼들까지 모두 포함시켜서 말이다! 말이 되는 소리인가?

의사, 변호사, 회계사, 배우, 작가 등 그런 것을 강요받는 직업이 또 있는가? 정부가 특별히 따로 선별해 헌법을 어기면서까지 '언론의 자유를 제한하는' 직업이 또 있는가? 없다!

이것은 누구도 참기 어려운 일이다. 여러분도 마찬가지다. 그런데 네트워커에게는 그런 일이 일어나고 있다.

| 네트워크 마케팅으로 버는 돈 – '지나치게 많다!' |

몇 년 전, 시사주간지 『유에스 뉴스 앤 월드 리포트』는 미국에서 가장 높은 수입을 올리는 직업 리스트를 발표했다. 직업별 수입의 상한선도 함께 공개했다. 하지만 이 주간지는 네트워커의 수입은 제외했다. 그 액수를 믿을 수 없다는 것이 이유였다! 액수를 믿을 수 없다고? 힘을 더 많이 가질수록 적도 더 많아진다는 말이 맞긴 맞는 것 같다.

여러분이 지금 뉴욕이나 보스턴에 위치한 고층 건물 꼭대기에 앉아 있다고 해보자. 반질반질 윤이 나는 회의 탁자 앞에서 상품 판매가 저조한 이유를 논의하고 있다. 이때 한 하급 간부(분명 커리어가 내리막길에 접어든)가 네트워크 마케팅 회사가 시장점유율을 크게 빼앗아가고 있다는 발언으로 우둔함을 드러냈다고 치자. 여러분은 무슨 생각을 할 것인가? 무엇을 할 것인가?

여러분이 그 입장에 있다고 생각해보라. 그러니까 여러분이 전통적인 기업에서 일하는데 신생 산업, 즉 소비자에게 직접 이야기를 전달하는 그 산업이 서서히 시장을 잠식한다면 여러분은 무엇을 할 것인가? '상대를 이길 수 없다면 그의 편이 되라'는 원칙을 따를 것인가?

전통적인 기업들이 내세우는 그들만의 원칙은 이렇다.

"상대를 이길 수 없다면 차라리 집어삼켜라!"

| 네트워크 마케팅을 집어삼키려 하지 않는 회사가 있는가? |

전통적인 대기업은 대다수가 직접 판매 회사를 좋아한다. 『포천』지 선정 500대 기업인 버크셔 해서웨이(Berkshire - Hathaway)도 그중 하나다. 이 회사의 CEO이자 세계에서 두 번째 갑부인 워런 버핏은 대다수 남성이 갖고 있는 넥타이 개수보다 더 많이 수익성 높은 기업을 보유하고 있다. 몸집이 가볍고 효율적인(lean-and-mean) 직접 판매 회사에 대한 그의 애정은 각별하다. 덕분에 버크셔 해서웨이의 수십 개 계열사 가운데 세 개 업체가 직접 판매 회사다.

세계에서 가장 크고 수익성이 높은 금융업체, 시티 그룹도 네트워크 마케팅 회사를 보유하고 있고 『타임』이나 AOL, HBO, 워너 브러더스 영화사 등을 소유한 타임 워너(Time Warner) 역시 네트워크 마케팅 회사를 운영 중이다.

『포천』지 선정 500대 기업인 이들이 네트워크 마케팅 계열사를 **사랑하는** 데는 충분한 이유가 있다. 무엇보다 네트워크 마케팅 회사는 계속 성장 중이고 수익성이 높으며 주주들을 매우 행복하게 해준다.

오늘날 네트워크 마케팅 회사를 집어삼키려 하지 않는 회사가 있을까? 델컴퓨터, 오피스 데포(Office Depot), 반스 & 노블(Barnes & Noble), FTD 플로리스트(FTD Florists), 소니(Sony) 등 많은 다국적기업이 네트워크 마케팅을 통해 수천 개의 유명 브랜드 상품을 유통시키고 있다.

점점 더 많은 기업이 네트워크 마케팅 회사를 이기려는 시도를 멈추고 그 대열에 합류하고 있다. 그리고 그 변화의 물결은 이제 막 밀려오고 있다!

| **부와 상식** |

왜 그럴까? 그 이유는 네트워크 마케팅이 부와 상식으로 정의되는 수익 창출에서 점점 더 빛을 발하고 있기 때문이다.

반면 기존의 마케팅에 소요되는 비용은 걷잡을 수 없이 뛰어올랐다.

- 광고비는 자본금이 수백만 달러 규모인 기업에게조차 부담스러울 정도로 비싸다.
- 유통 및 영업비용이 천정부지로 치솟고 있다.

- 소비자가 진정으로 원하는 훌륭한 상품이 시장에 나오지 못하고 있다. 대기업마저 높은 마케팅 비용을 감당할 여력이 없기 때문이다.
- 소비자는 더 이상 기업과 그들의 광고를 신뢰하지 않으며, 판매직원은 쇼핑객에게 필요한 상품이나 상품 이용법을 제대로 알려주지 못한다.
- 소비자는 자신이 내는 돈에 상응하는 보다 많은 것을 요구한다.
- 소비자는 더 좋은 고객서비스와 편리한 재택 구매를 요구한다.
- 모두에게 경쟁이 점점 더 치열해지고 있다.

기존의 통념을 벗어난 네트워크 마케팅 방식은 비즈니스가 가장 필요할 순간에 그 어느 때보다 적절한 해답을 제시하고 있다. 이전까지 여러분은 네트워크 마케팅에 관한 진실을 별로 듣지 못했다. 물론 이제는 그 이유를 알고 있다. 나는 우리가 그 진실을 듣지 못한 것이 한편으로는 다행스러운 일이라고 생각한다.

| 네트워크 마케팅은 여전히 최고의 비밀 |

이것은 마치 낚시를 하면서 명당자리를 찾는 것과 같다. 낚싯줄을 던지기만 하면 금방 물고기가 '짠' 하고 올라오는 그런 자리 말이다. 이런 자리에서는 물고기가 잡히고 또 잡힌다. 더구나 물고기의 크기도 크다! 이것은 남에게 쉽사리 알려주고 싶지 않은 일종의 비밀이자 발견이다. 친한 친구에게만 털어놓게 되는 정보다.

 네트워크 마케팅은 늦은 밤 자동차를 타고 산길을 달리다가 길가에서 헤드라이트 불빛에 반짝이는 무언가를 발견한 한 남자의 금광 이야기와 같다.

 남자는 갓길에 차를 세우고 손전등을 든 채 언뜻 반짝이는 물체가 보였던 덤불 쪽으로 걸어갔다. 그는 손으로 덤불을 헤치며 땅바닥을 유심히 살펴보았다. 마지막 덤불을 헤쳤을 때 그는 커다란 동굴 입구 가까이에서 금괴 하나를 발견하고는 소스라치게 놀랐다. 그는 몸을 앞으로 쑥 내밀고 손전등으로 동굴을 비춰보았다. 동굴에는 금괴가 가득 차 있었다!
 남자는 자신에게 찾아온 행운을 믿을 수가 없었다. 그는 금괴를 한 아름 가져다 차에 실었다. 그런데 다시 동굴로 왔을 때 그는 더욱 더 놀라고 말았다. 마치 마법처럼 아까보다 금괴가 두 배나 더 늘어나 있었던 것이다! 그는 타이어가 터질 지경이 되도록 미친 듯이 차에 금괴를 실었다. 그가 자리를 뜰 때쯤에는 금괴가 동굴 밖으로 쏟아져 나와 덤불 너머 길가에까지 닿을 정도로 많아졌다. 그는 동굴 입구가 눈에 띄지 않도록 덤불로 가려놓고 집으로 향했다.

누구와 금을 나누겠는가?

이제 여러분에게 묻겠다. 만약 여러분이 그 남자라면 여러분은 누구와 그 비밀을 나누겠는가? 금광을 발견했다고 지역신문에 광고를 내거나 지나가는 사람을 붙잡고 얘기하겠는가? 아니면 여러분이 소중히 여기는 사람들에게 여러분이 발견한 비밀을 털어놓겠는가? 당연히 여러분과 가장 가까운 사람들에게 가장 먼저 이야기할 것이다. 그렇지 않은가?

나는 네트워크 마케팅이 일종의 금광이라고 생각한다. 나는 평범한 사람에게 인생역전을 이룰 특별한 기회를 제공한다는 점에서 네트워크 마케팅을 옹호한다. 대기업 거물들이 언젠가 네트워크 마케팅의 대열에 합류할지라도 상관없다. 솔직히 말하면 그 시기가 늦게 왔으면 좋겠지만 말이다. 아니, 최대한 늦게 오기를 바란다.

그들이 오매불망 애태우며 그날을 기다리게 하고 싶다. 오랜 세월 동안 그들이 여러분과 나에게 그렇게 했듯이 말이다!

나는 그들이 훗날 네트워크 마케팅이라는 기차에 올라탈 것임을 알고 있다. 이는 단지 시간문제일 뿐이다. 그들이 올라타기 전에, 네트워크 마케팅이 프랜차이즈 비즈니스처럼 수천억 달러 규모의 산업이 되기 전에, 나는 평범한 사람들이 가장 먼저 자기 몫을 찾아가기를 바란다.

그들에게 아메리칸 드림을 도둑맞은 사람들이 먼저 기회를 잡아야 한다. 이번에는 새로운 패러다임으로 움직이는 사람들이 큰 빵을 차지하고 기존의 패러다임으로 도둑질을 해온 사람들이 남은 부스러기를 먹을 차례다.

밥 딜런의 노랫말도 그렇지 않던가?
"지금 정상에 있는 자들은 훗날 끝자락이 되리라. 시대는 변하고 있으니."
그 해답은 불어오는 바람에 실려 있다. 이 얼마나 대단한 바람인가! 그것은 사상 최대의 허리케인으로 기록될 바람이다. 그 바람의 이름은 바로 네트워크 마케팅이다.

제5부

네트워크 마케팅 그리고 여러분!

제14장 여러분은 죽은 말을 타고 있는가

"세상에서 가장 부유한 사람들은 네트워크를 구축한다.
그 나머지 사람들은 일자리를 찾도록 길들여진다."

- 로버트 기요사키의 『부자 아빠의 비즈니스 스쿨』 중에서

언젠가 작은 사립 고등학교에서 일하는 친구가 내게 삽화가 담긴 아동도서를 건넨 적이 있다. 무엇보다 책 제목이 유난히 기억에 남는다.

'만약 당신이 타고 있는 말이 죽은 말이라면 뛰어내려라!'

그 책은 미국의 교육에 전면적인 재고가 필요하다는 내용을 유머러스하게 풀어낸 우화다. 첫 쪽을 넘기면 교실 하나짜리 학교 건물 앞에서 말을 타고 있는 아이의 그림이 등장한다. 다음 쪽으로 넘어가면 죽은 말의 안장 위에 아이가 올라탄 그림이 나온다. 이후부터는 17쪽에 걸쳐 여러 '전문가'가 죽은 말을 타는 법에 대해 각자 의견을 펼치고 있다. 그중 몇 가지 내

용을 살펴보면 다음과 같다.

"죽은 말을 성공적으로 잘 타고 있는 학교들을 방문해보자."
"죽은 말을 연구하는 위원회를 조직하자."
"죽은 말을 타는 표준적인 방법을 제정해야 한다고 생각한다."

맨 마지막 두 쪽을 보면 어린 소년이 말을 가리키며 이렇게 말하는 장면이 나온다.
"나는 어떻게 해야 하는지 알아! 만약 말을 타고 있는데 그 말이 죽은 말이라면, 말에서 뛰어내려야 해. 그리고 새로운 걸 시도해야 해!"
그 옆 쪽에는 반짝반짝 윤이 나는 새 자동차가 죽은 말을 대신하는 그림이 실려 있다.

지금 타고 있는 것이 여러분을 꿈꾸던 곳으로 데려다줄 수 있는가?

이 우화가 전해주는 교훈은 그리 어렵지 않게 이해할 수 있다. 하지만 혹시라도 독자가 잘못 이해할 경우를 대비해 저자는 다음과 같은 말로 메시지를 전하고 있다.
"당신이 말을 타고 있는데 그 말이 죽었다면, 당신은 어떻게 할 것인가? 고대 금언은 우리에게 말에서 내려 보다 나은 교통수단을 찾으라고 충고한다."

안타깝게도 너무나 많은 사람이 의도는 좋지만 비현실적인 방법으로 죽은 말을 되살리려고 노력한다. 여러분은 어떠한가? 혹시 죽은 말을 타고 있지 않은가? 여러분의 현실을 진단하고 싶다면 다음의 질문에 솔직히 대답해보라.

- 현재의 일이 여러분을 원하는 방향으로 인도하고 있는가, 아니면 그저 습관처럼 일하고 있는가?
- 여러분의 은퇴 계획에 진전이 있는가, 아니면 답보 상태에 있는가?
- 여러분은 꿈을 향해 나아가고 있는가, 아니면 한곳에 머물러 있는가?
- 여러분은 현재의 직업에서 성장하고 있는가, 아니면 좌절하고 있는가?
- 여러분의 보수는 여러분의 진정한 가치에 걸맞은 수준인가, 아니면 일의 가치에 걸맞은 수준인가?
- 여러분은 커리어에서 성공하고 있는가, 아니면 헛발질을 계속하고 있는가?
- 여러분의 미래는 밝은가, 아니면 어둠침침한가?

이제 마지막 질문이다.

- 현재의 커리어는 여러분을 여러분이 꿈꾸는 곳으로 데려다 줄 근사한 자동차인가, 아니면 죽었거나 죽어가는 말인가?

네트워크 마케팅, 연료도 가득 채웠고 달릴 준비는 끝났다

『부자 아빠, 가난한 아빠(Rich Dad Poor Dad)』시리즈의 저자 로버트 기요사키(Robert Kiyosaki)는 네트워크 마케팅에 대해 이렇게 말한다.

"네트워크 마케팅 산업은 프랜차이즈 혹은 다른 전통적인 비즈니스보다 빠르게 성장하는 중이다. 한마디로 말해 네트워크 마케팅은 사업비용이 낮으며 훌륭한 교육 프로그램을 갖추고 있어 대세로 떠오르는 비즈니스 방식이다."

로버트 기요사키는 성업 중이던 전통적인 비즈니스를 팔아치우고 부동산에 지혜롭게 투자한 결과, 마흔일곱 살에 은퇴할 수 있었다. 그는 경제적 자유를 확보하는 방법을 명확히 알고 있었다. 이는 벌어들인 수입을 지속적이고 반복적인 수입으로 전환함으로써 부를 창출하는 방법을 기술한 그의 베스트셀러 10권에도 잘 나타나 있다.

로버트 기요사키나 워런 버핏 같은 성공한 기업가들은 왜 입에 침이 마르도록 네트워크 마케팅에 찬사를 보내는 것일까? 네트워크 마케팅에는 어떤 매력이 있는 것일까? 왜 버핏은 직접 판매 회사를 세 개나 사들인 것일까?

여러분도 궁금한가? 그러면 네트워크 마케팅이 어떤 면에서 전통적인 비즈니스와 차별화되는지, 어떻게 해서 기요사키의 표현처럼 '대세로 떠오르는 비즈니스' 방식이 될 수 있는 지 살펴보자. 전문가들에 따르면 네트워크 마케팅은 이미 내 달릴 준비를 마친 상태다.

| 네트워크 마케팅, 일생일대의 기회 |

앞에서 우리는 정부, 군대, 보이스카우트, 심지어 종교단체에 이르기까지 모든 조직이 피라미드 형태로 이루어져 있다는 것을 알게 되었다. 또한 합법적인 피라미드와 불법적인 피라미드를 구분하면서 가치가 위에서 아래로(상품 및 서비스 형태로) 흐르고, 돈이 아래에서 위로 흐른다면 합법적인 피라미드라는 결론을 얻었다.

이러한 정의에 따르자면 네트워크 마케팅 회사는 대다수가 합법적이다(합법적이지 않은 회사는 그 창립자가 엔론의 사기꾼처럼 감방에 갇히는 신세를 면치 못하므로 오래 살아남을 수 없다).

하지만 비즈니스가 합법적이라는 사실이 반드시 좋은 기회를 의미하는 것은 아니다. 이웃집의 잔디를 깎아주고 자동차를 세차하는 일은 둘 다 합법적이지만 그렇다고 훌륭한 비즈니스 기회로 간주할 수는 없다는 얘기다.

네트워크 마케팅은 왜 평범한 사람들이 돈을 벌고 생활 방식을 바꿀 최상의 기회가 될 수 있다는 것일까? 여기에는 수많은 이유가 있지만 지면 관계상 가장 중요한 스무 가지 이유만

적어보겠다. 그 이유를 알면 왜 죽은 말을 타고 있는 사람들이 꿈을 연료 삼아 움직이는 네트워크 마케팅으로 갈아타야 하는지 이해할 수 있을 것이다.

| 네트워크 마케팅 비즈니스의 스무 가지 장점 |

1. 프랜차이즈의 장점만 뽑아낸 비즈니스 모델이다

네트워크 마케팅은 흔히 '개인 프랜차이즈' 또는 '대체 프랜차이즈'로 불린다. 왜 그럴까? 우선 검증되고 복제 가능한 비즈니스 모델을 구축하는 프랜차이즈의 최고 강점을 받아들였다. 반면 막대한 수수료를 선불로 내고 매달 모회사에 수익의 일부를 지불해야 하는 프랜차이즈 최악의 약점은 버렸다. 그런 의미에서 네트워크 마케팅은 프랜차이즈를 뛰어넘는 비즈니스 모델이라고 할 수 있다.

2. 기하급수적으로 성장한다

대부분의 비즈니스는 점포 하나로 시작해 두 번째, 세 번째 점포가 생기는 식으로 선형적 증가를 통해 성장한다. 그러나 네트워크 마케팅은 기하급수적인 배가의 원리로 성장한다. 가령 여러분이 새로운 사람을 여섯 명 영입하면 그들이 다시 새로운 사람 여섯 명을 모집한다. 그리고 그들은 또다시 새로운 사람을 여섯 명 더 데려오는 식이다.

3. 시간과 돈을 지렛대로 활용한다

지렛대 원리의 의미는 미국의 석유 부호 J. 폴 게티의 말에 잘 나타나 있다.

"나 혼자 100퍼센트 노력하는 것보다 100명이 나를 위해 1퍼센트씩 노력하는 편이 낫다."

정확한 지적이다. 네트워크 마케팅에서 큰 수익을 올리는 비결은 한 명의 영업 귀재가 수많은 상품을 유통시키는 것이 아니라, 다수의 평범한 사람이 각자 조금씩 상품을 유통시키는 데 있다.

4. 평범한 사람들이 평균 이상의 수입을 올릴 최상의 기회다

네트워크 마케팅은 비싼 학비를 들여야 하는 대학 졸업장을 요구하지 않는다. 독특한 유통 체계를 배우려는 열린 마음과 의지만 있으면 누구나 네트워크 마케팅 비즈니스를 할 수 있다.

5. 교육 및 훈련 체계가 훌륭하다

네트워크 마케팅은 사람들이 학습과 복제를 통해 자신의 능력을 최대한 발휘하게 하는 검증된 체계로 정평이 나 있다. 뛰어난 네트워커는 새로운 사람들의 참여를 유도하는 체계를 갖추고 있다.

6. 지속적이고 반복적인 수입을 올릴 수 있다

회사에 고용되어 일할 경우 여러분은 돈을 위해 시간을 몽땅 바쳐야 한다. 가령 한 시간 일하면 그 대가로 한 시간 일한 만큼의 시급을 받는다. 그러나 네트워크 마케팅 비즈니스에서는 시간과 노력을 지렛대로 활용함으로써 마치 인세를 받듯 일하지 않는 동안에도 꾸준히 들어오는 반복적인 수입(recurring income)을 창출할 수 있다.

7. 자신을 돕는 동시에 남도 도울 수 있다

여러분이 살아온 발자취를 남기고자 할 때 남을 돕는 것보다 더 좋은 방법이 또 있을까? 여러분이 인생에서 원하는 모든 것을 얻는 최선의 방법은 남들이 원하는 것을 얻을 수 있도록 돕는 것이다.

8. 낮은 사업비용, 높은 잠재수익을 약속한다

전통적인 프랜차이즈 비즈니스를 시작하는 데는 수만 달러(혹은 그 이상)가 들어가지만, 네트워크 마케팅 비즈니스에서는 수백 달러만으로도 높은 잠재수익을 보장하는 '개인 프랜차이즈'를 시작할 수 있다.

9. 함께 일할 사람들을 선택할 수 있다

일반적인 업무 환경에서 여러분은 개인적으로 절대 친구로 삼고 싶지 않은 타인들 속에 섞여 일하게 된다. 하지만 네트워크 마케팅에서는 여러분의 팀원을 직접 선택할 수 있다.

10. 여러분 스스로 자신의 상사가 될 수 있다

네트워크 마케팅에서 여러분은 일과와 목표를 스스로 정하고 프로젝트를 스스로 선택한다. 또한 하루에 두 시간이든 스무 시간이든 원하는 만큼 일할 수 있다. 여러분은 회사의 CEO로서 자유롭게 일하고 그에 따른 보상을 받게 된다.

11. 사업 방식을 스스로 선택할 수 있다

한 달에 몇 백 달러 정도의 추가 수입을 벌고자 하는가? 시간제 근무를 원하는가, 아니면 상근하길 원하는가? 국내에 머물고 싶은가, 아니면 해외 진출을 원하는가? 네트워크 마케팅에서는 이 모든 것을 여러분 스스로 선택할 수 있다.

12. 유리천장이 없다

성별, 인종, 억양, 내세울 것 없는 학력 등의 이유로 한계를 느끼게 하는 기업 문화에 진력이 났는가? 네트워크 마케팅은 완전히 민주적이다. 성과를 올린 사람은 누구나 인정을 받고 돈을 벌 수 있다.

13. 수입에 상한선이 없다

회사에 다닐 경우 경영주는 여러분에게 도매가로 책정한 월급을 지급한 다음, 시장에서 여러분의 서비스를 소매가에 판매해 그 차익을 자신이 챙긴다. 결과적으로 여러분은 결코 여러분이 한 일의 가치 이상으로 돈을 벌 수 없다. 하지만 네트워크 마케팅에서 여러분의 수입은 무제한이다.

14. 활동 영역에 한계가 없다

전통적인 프랜차이즈 비즈니스에서 여러분의 활동 영역은 일정한 지역 내로 제한된다. 개인 프랜차이즈에서는 그렇지 않다. 모회사가 진출한 곳이라면 어디에서든 여러분의 그룹을 구축해 사업을 성장시킬 수 있다.

15. 간접비가 낮고 재고가 거의 없다

네트워크 마케팅에서는 굳이 사무실을 갖출 필요가 없다. 수백만 달러를 벌지라도 말이다. 실제로 많은 네트워커가 그렇게 사업을 하고 있으며, 이들은 사무실과 직원에게 경비를 지출하는 게 아니라 수익을 고스란히 자신의 것으로 만든다.

16. 사람들의 성과를 높이는 역할로 보수를 받을 수 있다

네트워크 마케팅은 정부가 개인의 역할을 제한하는 것과 대조적으로 개인의 역할을 확대해 그들이 성장하고 자립할 수 있도록 동기를 부여한다.

17. 개인 용도로 상품을 도매가에 구입할 수 있다

네트워크 마케팅은 소매점에서 구할 수 없는 최첨단 상품을 취급한다. 따라서 네트워커는 자신과 가족을 위해 다른 곳에서 찾기 힘든 상품을 할인 가격으로 구입하는 혜택을 덤으로 누릴 수 있다.

18. 전자상거래를 십분 활용할 수 있다

역사적으로 네트워크 마케팅 회사와 네트워커는 최신 기술을 남보다 먼저 받아들이는 얼리 어답터(Early adopter)들이 었다. 같은 맥락에서 네트워크 마케팅 회사는 쉽고 편리하게 상품을 주문할 수 있도록 내실 있는 전자상거래 사이트를 구축 및 유지하고 있다. 이와 관련해 네트워커에게 지속적인 교육과 훈련 기회도 제공한다.

19. 개인의 성장을 장려한다
회사는 물론 성과가 좋은 네트워커는 여러분의 비즈니스가 성장하려면 먼저 여러분 자신이 성장해야 한다는 사실을 잘 알고 있다. 이에 따라 그들은 사람들이 큰 꿈을 갖도록 격려하는 서적, 테이프, 기타 도구 등을 추천하거나 제작한다. 그리고 이를 통해 사람들이 자신의 잠재력을 최대한 발휘해 자신과 자신의 비즈니스를 성장시킴으로써 꿈을 실현할 수 있도록 돕는다.

20. 재미있게 일하고 친구를 사귀는 동시에 돈을 벌어 인생을 변화시킬 수 있다
네트워크 마케팅의 최대 장점은 사람들이 부자가 된다는 데 있는 것이 아니라(많은 사람이 실제로 부자가 되긴 했지만), 일하는 과정에서 풍요로운 삶을 가꾸어 나간다는 데 있다. 물론 돈을 버는 것도 좋은 일이지만 재미있게 일하고 친구를 사귀며 인생을 변화시키는 것은 돈으로 살 수 없을 만큼 값진 것이다!

지금까지 우리는 스무 가지 이유를 통해 네트워크 마케팅이 왜 커리어와 삶을 영위하는 보다 새롭고 향상된 방법인지 알아보았다.

실제로 네트워크 마케팅은 이 시대에 대세로 떠오르는 산업이다. 현재 전문가들은 네트워크 마케팅이 주도하는 직접 판매 산업을 연간 1,000억 달러 규모의 비즈니스로 보고 있다. 더욱 놀라운 것은 이 산업이 아직 초기 단계에 있다는 사실이다! 미래에 거대한 몸집으로 자라날 아기공룡인 셈이다!

이 산업이 향후 수십 년 내에 어디로 향할 것인가는 다음 장, '왜 네트워크 마케팅은 폭발적으로 성장하고 있는가'에서 확인하기 바란다.

제15장

왜 네트워크 마케팅은 폭발적으로 성장하고 있는가

"나무를 흔들 용기가 없어서 열매를 먹지 못했다고
후회하는 것보다 더 굴욕적인 것이 뭐가 있겠는가?"

- 로건 스미스, 『때늦은 생각』 중에서

이 책 전반에 걸쳐 우리는 시대가 얼마나 빨리 변해왔는지, 앞으로는 얼마나 더 빠르게 변화할 것인지 살펴보았다. 또한 우리는 기술이 진보(보다 정확히 말하면 질주)함에 따라 기존의 업무 방식이나 산업 전체가 하룻밤 사이에 쓸모없어진다는 점도 논의했다.

네트워크 마케팅이 폭발적으로 성장하는 이유도 바로 **기술** 때문이다!

컴퓨터가 등장하기 전, 네트워크 마케팅 회사는 자사 네트워커의 현황을 파악하는 능력 이상으로 크게 성장할 수 없었다. 주문을 접수 및 처리하고 각각의 네트워크 그룹의 현황을 파악하며, 1만 명 아니 많게는 10만 명에 이르는 네트워커에게 제때에 정확히 보너스를 지급하는 상황을 한번 상상해보라. 거의 초인적인 일이다!

하지만 이제는 컴퓨터 기술 덕분에 얼마든지 쉽고 편리하게 일을 처리할 수 있다.

| 기술의 변환점에서 |

이제 신용카드, 여섯 시간 이내에 미국 대륙을 횡단하는 비행기, 무료 장거리 전화 서비스, 휴대전화, PDA, 음성메일, 이메일, 인스턴트 메시지 서비스, 인터넷 전화, 팟캐스팅, 수신자부담 무료 전화, 화상회의 등 시간 제약을 없애는 각종 기기 및 서비스 없는 네트워크 마케팅은 상상하기 어려워졌다.

오늘날 네트워커는 단 한 번의 클릭으로 상품과 교육 정보를 세계 어디든 순식간에 보낼 수 있다. 또한 교통체증으로 오도 가도 못 하는 차 안에서도 새로운 파트너들을 물색할 수 있다. 1,000명 혹은 그 이상의 사람이 매주 전화로 원격회의를 할 수 있고 인터넷을 통해 비디오 방송을 시청할 수 있으며, 새로운 네트워커들에게 회사의 상품과 사업 기회에 관해 모든 것을 들려줄 수 있다. 그것도 자기 집 거실에서 한 발짝도 나서지 않고 말이다!

네트워커들은 이제 CD 혹은 DVD를 전송하거나 웹사이트 접속을 유도함으로써 전국(혹은 전 세계)의 사람들에게 자신의 회사, 상품, 수입 기회를 얼마든지 알릴 수 있다. 심지어 여러분의 신규 네트워커는 단돈 몇 달러만으로 업계 최고의 생산업체들이 제공하는 교육을 받을 수 있다. 그들은 집에서 라이브 위성 프로그램을 송신할 수도 있다. 이 얼마나 편리한 일인가!

20년 전, 아니 불과 5년 전만 해도 이런 일은 불가능했다. 많은 기술이 최근에야 실질적으로 상용화되었기 때문이다. 장담하건대 미래의 기술은 지금보다 훨씬 더 놀라운 수준으로 향상될 것이다. 인터넷의 인기가 날로 높아지면서 미래의 가능성은 실로 그 끝을 알 수 없을 지경이다!

네트워커들은 언제나 최신 통신 기술을 누구보다 먼저 업무에 도입해왔다. 마찬가지로 네트워크 마케팅 업계의 리더들은 첨단 상품이 시장에 나오면 곧바로 그것을 비즈니스에 도입할 것이다.

| 지금까지 본 것은 서막에 불과하다! |

여러분의 거실에 놓인 컴퓨터를 통해 말하는 전자 카탈로그를 보고 원하는 네트워크 마케팅 상품을 선택하는 상상을 해보라. 스크린에 손을 대는 것만으로 원하는 상품을 주문하는 상상을 해보라. 화상전화로 원격회의를 하는 상상을 해보라. 위성을 통해 여러분이 원하는 시간에 집으로 곧바로 전송되는 멀티미디어 비디오 프레젠테이션을 시청하는 상상을 해보라. 쌍방향 프로그램을 통해 컴퓨터나 TV에 응대하는 상상을 해보라. 전자계좌를 통해 자동적, 즉각적으로 월간 보너스를 받는 상상을 해보라.

기술의 놀라운 진보는 네트워크 마케팅의 가능성에 무한한 지평을 열어주고 있으며, 그것은 지금 이 순간에도 현실로 나타나고 있다. 네트워크 마케팅 시대가 열린 이유가 바로 여기에 있다. 미래학자 페이스 팝콘은 이를 다음과 같이 정확히 지적했다.

"네트워크 마케팅은 미래의 물결이다. 일대일로 상품을 전달하는 사람들이 보다 품격 있고 우수해지며 더 많은 신뢰를 받게 되면, 모든 것이 개인 대 개인 또는 쌍방향 TV를 통해 거래될 것이다. 문제는 소매 점포들이 문을 닫게 될 거라는 데 있다. 아무도 소매점에 가려고 하지 않을 테니 말이다. 미래의 해답은 바로 네트워크 마케팅에 있다."

| 시련의 시기, 어려운 선택 |

우리는 지금까지 미국 역사상 가장 생산적인 시대의 어두운 현실에 관해 이야기해왔다. 수백만 명이 직업, 나아가 커리어를 바꾸고 많은 선진국에서 실업률이 20퍼센트(혹은 80퍼센트의 불완전 고용률)에 이르는 암울한 현실을 말이다!

우리는 건강, 행복, 안정, 자유를 향한 아메리칸 드림을 이야기했고, 인생에서 그러한 조건을 전부는 고사하고 한두 개만이라도 갖고 있는 사람이 점점 줄어들고 있는 현실을 살펴보았다.

우리는 오늘날 직업 세계에 얼마나 많은 걸림돌이 우리를 가로막고 있는지도 알아보았다. 유리천장, 불평등한 기회, 대학 졸업 여부가 취업에 강한 영향을 미치는 학력 중심 사회 그리고 원하는 삶을 누릴 거의 모든 가능성을 빼앗아가는 사기와 속임수 등이 그것이다.

우리는 업무 현장에서 진정한 창의성을 발휘하거나 주도권을 쥐지 못하는 현실을 이야기했다. 또한 대부분의 전통적인 직업에서는 만족감과 성취감을 느낄 수 없음을 살펴보았다.

우리는 불법 및 합법 피라미드 체계를 이야기하고 이들이 어떻게 평범한 사람들의 삶을 착취하고 있는지 알아보았다. 나아가 사람들이 지금의 상황에 얼마나 많은 좌절과 분노를 느끼고 있는지, 그들이 어찌할 바를 몰라 하며 얼마나 큰 무력감에 빠져 있는지 살펴보았다.

안타깝게도 우리가 본 것은 우리 중 대다수가 아무런 희망 없는 미래를 맞이할 수도 있다는 사실이다. 희망의 정의를 기억하고 있는가? 희망은 무언가 아니면 누군가가 내 곁을 지켜주고 나를 구해줄 것이라는 기대다.

미안하지만 백마 탄 기사는 여러분을 구하러 오지 않을 것이다. 여러분에게 들려오는 요란한 소리는 기사의 진격 나팔 소리가 아니라, 여러분이 떠나보낸 일자리가 중국과 동남아로 아웃소싱되는 장송 나팔소리다. 물론 여러분에게는 복권에 당첨될 희망이 남아 있다. 그러나 아메리칸 드림에서 남아 있는 것이 고작 억만 분의 일의 확률에 매달려야 하는 복권 당첨 기회뿐이라면 그야말로 절망스러운 일이다.

그것은 아메리칸 드림이 아니다. 그저 아메리칸 팬터지일 뿐이다. 드림이 팬터지와 다른 점은 바로 실현 가능하다는 것이다.

| 성공을 꿈꾸다 |

성공의 최대 비결이 무엇인지 알려주는 근사한 이야기를 하나 들려주겠다.

어느 날, 한 남자가 정신과 의사의 진료실로 걸어 들어왔다. 그야말로 몰골이 말이 아니었다. 그는 마치 죽은 사람처럼 핏기 없는 얼굴로 온몸을 떨고 있었다. 눈은 움푹 꺼져 있었고 눈 밑에는 검은 그림자가 짙게 드리워져 있었다. 그는 몇 개월이나 잠을 이루지 못했다며 의사에게 도와달라고 애원했다!

그는 의사에게 밤마다 수없이 꾸고 있는 꿈 이야기를 들려주었다. 잠들 때마다 그는 늘 똑같은 악몽에 시달리고 있었다. 꿈속에서 그는 무작정 길을 걷고 있었다. 그러다 한 건물로 올라가고 커다란 문 앞에 다다랐다. 그런데 아무리 힘껏 밀어도 문은 열리지 않았고 그는 안으로 들어갈 수 없었다!

그가 있는 힘을 다 쏟아도 아무 소용이 없었다. 초인적인 힘을 발휘해도 전혀 효과가 없었다. 문은 꿈쩍도 하지 않았다!

그렇게 그는 날마다 문을 열기 위해 갖은 애를 쓰다가 식은땀을 흘리며 잠에서 깨어났다. 겁에 질리고 기진맥진해서 몸을 부르르 떨며 눈을 떴던 것이다. 그는 그 꿈이 너무 무서워 아무리 피곤해도 잠을 청할 수가 없었다. 문 안으로 들어가지 못하면 죽을 것 같은 기분이 들었지만 그 문은 결코 열리지 않았다.

의사는 그에게 그 문을 여는 것이 왜 그렇게 중요한지 물었다. 남자는 그 문이 자신의 미래로 가는 문이라고 대답했다. 그 문은 실패에서 성공으로 이끄는 문인데 아무리 애써도 문을 열 수 없다는 것이었다!

의사는 잠시 생각에 잠겨 있더니 남자에게 물었다.

"당신은 잠들 때마다 늘 그 꿈을 꾸나요?"

남자는 고개를 끄덕였다. 한참 동안 골똘히 생각에 잠겨 있던 의사가 이윽고 미소를 지었다.

"당신이 악몽에서 벗어날 방법을 찾았습니다. 오늘밤 잠들기 전에 당신 자신에게 말하세요. 또다시 문 앞에 다다르면 그 문의 생김새를 꼼꼼히 살펴보라고 말입니다. 아무리 사소해 보이는 것이라도 빠짐없이 살펴봐야 합니다. 내일 다시 와서 당신이 본 것을 내게 이야기해주세요."

다음 날 다시 찾아온 남자를 봤을 때, 의사는 자신의 눈을 믿을 수가 없었다! 어제까지만 해도 두려움에 떨며 어찌할 바를 몰라 하던 그 남자의 모습이 조금도 남아 있지 않았던 것이다. 대신 남자는 활력과 생기가 넘쳤다. 그의 눈은 반짝거렸고 입가에 미소까지 머금고 있었다. 깜짝 놀란 의사는 서둘러 남자를 안으로 들어오게 한 후 자초지종을 물었다.

"선생님의 조언대로 했습니다."
그의 목소리는 흥분에 들떠 있었다.
"잠들기 전에 저는 성공으로 가는 문을 구석구석 살펴보고 본 것을 모두 기억하겠다고 스스로 다짐했죠. 늘 그랬던 것처럼 잠들자마자 또 그 꿈을 꿨습니다. 문 앞에 다다르자 저는 그 어느 때보다 힘껏 문을 밀었습니다. 온힘을 모아 문을 밀고 또 밀었죠. 언제나처럼 문은 꼼짝도 하지 않더군요. 그런데 순간 선생님의 충고가 생각나서 한 발 뒤로 물러나 문을 꼼꼼히 살펴보았습니다. 그런데 제가 거기에서 무엇을 발견했는지 아세요?"
의사는 다음 이야기가 궁금해서 조바심이 나는 듯 서둘러 대답했다.
"아니오, 모르겠는데요. 뭡니까? 어서 말해주세요."

남자가 말했다.
"제가 밀고 있던 그 문 위에 표지판이 붙어 있었습니다."
"무슨 표지판입니까?"
"거기엔 이렇게 쓰여 있었죠. '당기시오!'"

여러분은 성공으로 가는 문을 밀고 있는가, 당기고 있는가?

여러분은 성공하기 위해 노력하며 승산 없는 싸움을 계속하고 있는가? 여러분은 출세를 위해 걸림돌을 계속 밀어젖히고 있는가? 그러다가 결국 막다른 골목에 갇혀 꼼짝달싹 못하게 되었는가?

그렇다면 이제 그만 밀어라!

이제 잡아당겨라!

미래로 향하는 문, 즉 아메리칸 드림으로 가는 문은 여러분 앞에 활짝 열려 있다. 힘들게 애쓸 필요도 없고 무서운 악몽의 공포도 없다. 여러분은 그저 성경에 나오는 대로 하기만 하면 된다.

"구하라, 그러면 얻을 것이다. 찾아라, 그러면 찾을 것이다. 두드려라, 그러면 열릴 것이다."

만약 그것이 네트워크 마케팅으로 가는 문이라면 말이다!

지금까지 이 책에서 보아온 것처럼 그리고 여러분의 직접적인 경험을 통해 알게 된 것처럼, 모든 문이 여러분이 원하는 미래로 이끌어주는 것은 아니다. 하지만 네트워크 마케팅은 그렇게 해준다. 여러분이나 나 같은 수백만 명이 네트워크 마케팅의 문을 거쳐 보다 윤택하고 보람 있는 라이프스타일을 누리게 되었다. 그들은 직접적인 경험을 통해 자신의 정당한 몫을 얻고 누리는 방법을 배웠다.

  오늘날 그들은 네트워크 마케팅 덕분에 성장하는 사업체의 CEO가 되어 자신의 비즈니스를 운영하고 있다. 무엇보다 그들은 자신이 선택한 시간에, 자신이 선택한 곳에서, 자신이 선택한 사람들과 함께 일하고 있다.

  네트워커는 시간제로 근무할 것인지, 아니면 상근제로 근무할 것인지 스스로 선택할 수 있다. 실제로 네트워커 중에는 처음에 시간제로 일하다가 점점 높은 소득을 올리게 되면서 네트워크 마케팅을 아예 자신의 본업으로 삼게 된 이들이 많다.

  "나 혼자 100퍼센트 노력하는 것보다 100명이 나를 위해 1퍼센트씩 노력하는 편이 낫다."는 폴 게티의 말이 보여주듯 네트워커는 지렛대 효과의 위력을 누구보다 잘 알고 있다. 많은 사람이 각자 조금씩 노력하면 '작은 것이 아름답다'는 말에 담긴 이치를 살리는 것은 물론, 크고 **위대한** 일을 해낼 수도 있다는 것을 직접 보아왔기 때문이다.

  그들은 단순한 경제적 안정을 넘어 그 이상의 진정한 경제적 자유를 경험했거나 경험하기 시작하고 있다. 다시 말해 필요로 하는 만큼 돈을 벌고 누구의 방해도 받지 않으면서 원하는 것을 원하는 시간에 할 수 있게 된 것이다.

  사실 파산한 사람들 중 80퍼센트는 한 달에 최소한 500달러의 여윳돈만 있었어도 그 지경까지 가지 않았을 거라고 말한다! 네트워크 마케팅 비즈니스에서 무수히 많은 사람이 그 정도의 돈을 벌고 있다. 그리고 그보다 10배, 20배, 100배 더 많은 돈을 버는 사람도 수없이 많다. 그렇다고 네트워크 마케팅의 미덕이 돈을 버는 데만 있는 것은 아니다. 네트워크 마케팅에서는 직접 비즈니스를 운영하고 스스로 목표를 설정하며 남에게 이로운 일을 하는 동시에 자신에게도 이로운 일을 할 수 있다. 나아가 인생에서 가장 소중한 사람들, 즉 가족이나 친구들과 자신의 꿈 혹은 시간을 공유할 수 있다.

"네트워크 마케팅을 하는 내 모습이 상상이 가지 않아요."

사람들은 내게 항상 이런 말을 한다.
"나는 의사라서……, 나는 변호사라서……, 나는 엔지니어라서……나는 회계사라서……, 나는 화가라서……, 네트워크 마케팅을 하는 내 모습이 상상이 가지 않아요."

사람들이 그렇게 말할 때마다 나는 대답한다.
"흥미롭군요. 내 회사들 중에 쓰레기 트럭 운전기사 자리가 빈 곳이 있어서 당신에게 그 일자리를 제안하려던 참이었는데, 혹시 그 자리에 관심이 있나요?"
그들의 대답은 한결같다.
"당신 돌았소? 나는 절대 쓰레기 트럭을 몰고 싶지 않아요!"
나는 빙그레 웃으며 대답한다.

"좋습니다. 또 다른 일자리가 하나 있는데 1년 연봉이 100만 달러입니다. 당신이 그 일에 적격일 것 같은데, 혹시 그 일에는 관심이 있나요?"

그들이 대답한다.

"물론이죠! 어떤 일입니까?"

"쓰레기 트럭을 운전하는 일이에요."

그러면 그들 중 한 명쯤은 이 모든 상황을 한마디로 압축하는 대답을 한다.

"오, 그럼 얘기가 달라지죠. 그건 비즈니스니까요!"

네트워크 마케팅 역시 그렇다. 네트워크 마케팅도 비즈니스다. 그것도 아주 큰 비즈니스다. 더구나 쓰레기 트럭을 모는 일은 확실히 아니다!(정말로 성공을 거둔다면 여러분은 쓰레기 트럭이 아니라 BMW나 렉서스를 몰게 될 것이다)

여러분은 네트워크 마케팅과 관련된 일은 하지 않겠다고 결심할 수도 있고, 아니면 마음을 열고 이 시대의 대세로 떠오르고 있는 이 비즈니스의 덕을 보기로 마음을 정할 수도 있다. 한번 생각해보라. 만약 네트워크 마케팅이 여러분에게 인생에서 원하는 모든 것을 얻게 해줄 기회를 제공한다면 어떻게 하겠는가?

그래도 그 기회를 그냥 지나쳐버릴 수 있겠는가?

| 변화의 기회를 잡아라 |

때로는 변화를 받아들이기 어렵다. 나는 그 사실을 잘 알고 있다. 시간당 5.5달러를 받으며 보트를 만들 때나 주급 150달러를 받으며 웨이터로 일할 때, 나도 그 일(내가 몹시 싫어하던 일이다!)을 그만두고 그런대로 익숙해진 직장을 벗어나 뭔가 다른 일을 하고자 위험을 무릅쓸 것인지를 두고 몇 개월간 고민했다.

존 케네디 대통령은 이런 말을 했다.

"변화는 삶의 법칙이다. 과거나 현재만 바라보는 사람은 분명 미래를 놓치게 될 것이다."

참으로 지당한 말이다!

생각해보라. 40년 전에는 미국인이 외식하는 비율이 6퍼센트에 지나지 않았다(오늘날에는 60퍼센트가 집 밖에서 식사를 한다). 25년 전에는 비디오 가게가 없었다. 20년 전에는 러시아가 공산국가였다. 그리고 10년 전에는 컴퓨터광들만 인터넷에 접속했다!

여기에서 얻을 수 있는 교훈은 분명하다.

"변화하라, 그렇지 않으면 낙오될 것이다."

스스로에게 다음의 질문을 던져보라

- 나는 정말로 현재의 직업에 만족하는가?
- 나는 내 가치에 합당한 돈을 벌고 있는가?
- 나는 가족, 친구, 나 자신을 위해 충분한 시간을 할애하고 있는가?
- 나는 스스로를 돕는 동시에 남을 돕고 있는가?
- 나는 내가 원하는 정도로 개인적인 성장과 발전을 이루고 있는가?
- 나는 나 자신의 일과 삶의 주인인가? 아니면 누군가가 혹은 무언가가 나를 조종하고 있는가?
- 나는 아메리칸 드림을 실현하기 위해 감수해야 하는 일을 기꺼이 할 의지가 있는가?

    몇 년 전 나는 나 자신에게 위의 질문을 해보았다. 그런데 질문에 대한 내 대답이 모두 마음에 들지 않았다! 그래서 나는 나 자신을 바꾸기로 했다. 나는 마음을 열고 스스로를 바라본 다음 내 인생에서 가장 커다란 한 걸음을 힘차게 내디뎠다!

    나는 문을 미는 것을 그만두고 **잡아당겼다!**

    나는 감히 여러분이 나처럼 하길 바란다.

    나는 감히 여러분이 스스로에게 대답하기 어려운 질문을 해보길 바란다.

    내가 그랬던 것처럼 만약 그 대답이 마음에 들지 않는다면 여러분도 내가 했던 대로 하라. 너무 늦기 전에, 바로 지금 네트워크 마케팅의 이점을 활용하라.

| 왜 지금이 적기인가 |

우리는 모두 이런 말을 많이 들어왔다.
"인생과 비즈니스에서는 타이밍이 전부다."
비즈니스에서 성공하거나 부자가 되는 비결은 타이밍을 잘 포착하는 데 있다. 붐이 일기 전에 비즈니스에 뛰어들고 파도가 막 솟아오르기 시작하는 시점에 올라타야 한다.

성공적인 비즈니스나 산업의 주기는 4가지 성장 단계로 이루어져 있다. 첫 번째는 기초 단계(Foundation Phase), 두 번째는 집중화 단계(Concentration Phase), 세 번째는 가속화 단계(Momentum Phase) 그리고 마지막은 안정화 단계(Stability Phase)다.

기초 단계는 '개척의 시기'로 볼 수 있다. 사업이 막 시작된 시기로 일반 대중은 여러분이 하는 일을 잘 이해하지 못한다. 새롭고 검증되지 않은 일이기 때문이다. 개척의 시기에는 모든 면에서 어려움이 많다. 비즈니스의 토대를 쌓는 동안 여러분은 많은 반대에 부딪힐 것이고 상황이 좋았다 나빴다 하면서 널뛰기를 반복할 것이다. 한마디로 높은 위험을 감수해야 하는 시기다.
이것은 마치 서부에 정착한 개척자들의 상황과 비슷하다.

그들은 최초로 불모지를 개척했기에 가장 좋은 땅에 가장 먼저 자리 잡을 수 있었지만, 등 뒤로 날아오는 인디언의 화살을 맞아야 했던 것도 그들이다!

네트워크 마케팅 비즈니스의 기초 단계는 1940년대 후반에 시작되어 1979년까지 지속되었다. 1979년은 암웨이(Amway)가 FTC와의 소송에서 기념비적인 승소 판결을 받은 해다. 이 판결은 네트워크 마케팅이 상품 및 서비스를 유통시키는 합법적이고 적법한 체계임을 명확히 확인해주었다.

개척기가 지나가면 '**집중화 단계**'가 찾아온다. 이 단계는 비즈니스가 극적인 전환점을 맞아 대중으로부터 인정받게 되는 시기다. 예를 들면 맥도날드가 처음 문을 열었을 때 이 가게는 지방의 구경거리에 불과했다. 그 가게가 미국을 대표하는 기업의 효시가 되리라고 믿었던 사람은 창업자인 레이 크록밖에 없었다. 그러나 100번째 맥도날드 체인점이 문을 열 즈음, 이 프랜차이즈는 대중의 호응을 넘어 열렬하게 환영받는 새로운 트렌드로 자리매김하고 있었다.

| 크리티컬 매스, 이룩을 향하여! |

오늘날 네트워크 마케팅 비즈니스는 집중화 단계의 막바지에 있으며 막 폭발적인 가속화 단계에 진입하는 중이다! 산업 전체가 크리티컬 매스(Critical Mass : 핵분열 연쇄반응을 유지하는 데 필요한 최소 질량인 임계질량을 뜻하는 물리학 용어로, 바람직한 결과를 얻기 위해 필요로 하는 충분한 수 혹은 양을 일컫는다 – 옮긴이)라 불리는 역동적인 현상을 마주하려는 찰나에 있다.

산업이 크리티컬 매스에 도달하면 그 순간 마법 같은 일이 일어난다. 이것은 마치 누군가가 문화의 단추를 누르는 순간 모든 이들이 일제히 그 사람이 가진 것을 원하게 되는 유행과 같은 것이다. 여기서 크리티컬 매스는 상품과 유통 방식이 대중의 인정을 받게 되는 순간을 의미한다. 크리티컬 매스에 도달하면 그 상품과 유통 방식은 시장을 주도하게 된다. 다시 말해 임계질량에 다다를 때 성장에 엄청난 가속도가 붙고 매출이 폭발적으로 늘어나게 되는 것이다!

이해를 돕기 위해 컴퓨터를 한번 생각해보자.

1960년대에 개인용 컴퓨터는 아예 존재하지도 않았다. 1970년대에는 소위 '전문가'들만 개인용 컴퓨터를 소유하고 있었다. 그러나 1980년대 중반이 되자 컴퓨터 산업은 크리티컬 매스에 도달했고 오늘날 미국 가정의 거의 75퍼센트가 개인용 컴퓨터를 가지고 있다! 이와 같은 일은 식기세척기에도 나타났다. 전자레인지, 휴대전화, CD 플레이어, DVD 플레이어, 디지털카메라 그리고 인터넷에서도 그런 일이 발생했다. 일단 크리티컬 매스에 다다르기만 하면 우르르 꽝꽝 하면서 수요가 우후죽순 늘어나고, 매출이 지붕을 뚫고 하늘로 치솟게 된다!

| 올라타라, 그리고 안전벨트를 매라! |

네트워크 마케팅 산업 전체가 이제 막 크리티컬 매스에 진입하려 하고 있다. 이 말은 21세기의 첫 20년 내에 네트워크 마케팅 비즈니스가 엄청나게 성장하고, 놀라운 기회와 수익을 창출하게 될 거라는 의미다!

기억하라. 이미 수천 명의 미국인이 네트워크 마케팅으로 미국 및 캐나다에서 자신의 비즈니스를 구축해 부를 축적했다. 네트워크 마케팅이 말레이시아, 러시아, 중국, 인도에서 크리티컬 매스에 도달할 경우 얼마나 많은 부가 형성될지 상상할 수 있는가? 이는 마치 여러분의 잠재적 파트너를 미국의 전체 인구보다 10배 더 늘리는 것과 같다. 이것이 현실화할 때, 네트워크 마케팅 산업은 연간 수조 달러 규모의 비즈니스로 폭발적인 성장을 이루게 될 것이다. 이렇게 되면 네트워크 마케팅의 상위 네트워커는 백만장자가 아니라 억만장자가 될 것이다!

지금 이 산업에 여러분의 입지를 마련해놓아야 하는 이유가 바로 여기에 있다. 여러분의 국제적인 비즈니스 기반을 마련하기에 지금보다 더 좋은 시기는 없었다!

현재 인구의 2퍼센트만 네트워크 마케팅에 종사하고 있다. 나는 이 숫자가 곧 10퍼센트로 늘어날 것이라고 예측한다. 이는 곧 이 산업에서 벌어들이게 될 돈의 상당 부분을 향후 몇 년 내에 벌게 된다는 뜻이다!

여러분은 미래의 백만장자 가운데 한 명인가?

베스트셀러 작가이자 저명한 경제학자인 폴 제인 필저는 『미래의 백만장자들(The Next Millionaires)』에서 1991년부터 2001년 사이에 미국 내 백만장자가 360만 명에서 720만 명으로 두 배 증가했다고 밝히고 있다. 필저에 따르면 이러한 추세는 향후 10년간 지속되어 2020년이 되기 전에 두 배 더 늘어난 2,000만 명에 근접할 것이라고 한다.

미래의 백만장자들은 과연 어디에서 탄생할 것인가?
필저는 재택근무 비즈니스라고 답한다. 이 말은 최신 상품 및 서비스와 더불어 교육, 지식, 기회를 함께 제공하는 '새로운 사업가' 그룹, 즉 네트워커들이 이끄는 비즈니스를 의미한다.
말이 나온 김에 필저의 얘기를 좀 더 인용해보겠다.
"오늘날 우리는 1990년대의 폭발력을 훨씬 능가하는 경제 급성장의 출발점에 서 있다. 현재 성장세에 있는 직접 판매 산업에 뛰어드는 이들은 향후 이 산업에 불어 닥칠 붐을 통해 분명 엄청난 혜택을 누리게 될 것이다."

| 여러분에게 다가온 기회를 잡아라! |

네트워크 마케팅 비즈니스에 참여하기에 지금보다 더 좋은 때는 없다! 앞으로 몇 년 후면 여러분 같은 평범한 사람, 동네에 사는 이웃, 종교생활을 하면서 자주 만난 사람이 크리티컬 매스에 이른 네트워크 마케팅 비즈니스로 엄청난 돈을 벌게 될 것이다.

역사상 지금처럼 많은 사람이 이토록 폭발적이고 거대한 시대의 흐름을 활용할 기회는 없었다. 그것이 바로 네트워크 마케팅이 더욱 짜릿하고 환상적인 이유다! 네트워크 마케팅이 크리티컬 매스에 도달해 전 세계적으로 폭발적인 성장을 이루면, 세계 역사상 그 어떤 변혁이나 기회가 왔을 때보다 더 많은 사람(평범한 남녀)이 자신의 가치에 걸맞은 돈을 벌어들일 것이다!

네트워크 마케팅 비즈니스는 위험은 적고 보상은 크다.
무엇보다 이 비즈니스에 뛰어들기에 지금보다 더 좋은 시기는 결코 없을 것이다!
그러므로 행동하라. 내가 그랬던 것처럼 이 시대의 대세로 떠오른 기회를 잡아라. 여러분에게 다가온 그 기회를 잡아라.

나는 감히 말한다.

세상 모두가 문을 밀고 있을 때 여러분은 당기라고!

나는 감히 말한다.

세상 모두가 가만히 있을 때 여러분은 달라지라고!

나는 감히 말한다.

여러분이 향후 10년 내에 나타날 백만장자 1,000만 명 중 한 명이 되라고!

여러분에게 주어진 아메리칸 드림의 정당한 몫을 차지해 꿈을 실현하라!

감사의 말

　내가 존경하는 소중한 두 친구, 존 포그와 스티브 프라이스의 무한한 지원이 없었다면 이 책은 결코 세상에 나오지 못했을 것이다.

　내가 하는 일에 늘 아낌없는 응원을 보내주는 내 다섯 아이들 버크 주니어, 네이든, 스펜서, 애스펜, 앨리나 그리고 언제나 나를 믿어주는 어머니 마리차, 새 아버지 할리에게 특별히 감사드린다.

　내가 일에 열중하는 동안에도 이 책이 출간될 수 있도록 지속적으로 힘써준 INTI 출판사의 모든 동료에게 감사한다. 특히 출판 관련 실무를 맡아준 캐서린 글로버, 마케팅을 담당한 데비 코테스, 기술적인 업무를 맡은 토니 코테스, 기획자 스티브 프라이스, 일의 진행을 책임진 샌디 로렌젠, 판매 업무를 담당한 게일 브라운, 세심한 부분까지 신경을 써준 줄리아 불러그, 다방면에 능통한 다이애나 바잘러에게 감사드린다.

　마지막으로 지금은 세상에 없지만 영원히 내 곁에 있는 동료이자 좋은 친구인 테드 폰 슐릭, 언제나 그리운 내 동생 데이턴에게 심심한 감사와 깊은 존경 그리고 사랑을 전한다.

누가 아메리칸 드림을 훔쳐갔는가 II

1판 1쇄 찍음 2012년 6월 25일
1판 2쇄 펴냄 2012년 7월 2일

지은이 버크 헤지스
옮긴이 이유진
펴낸이 배동선
　　　　　마케팅부/최진균, 서설
　　　　　총무부/양상은
펴낸곳 아름다운사회
출판등록 2008년 1월 15일
등록번호 제2008-1738호
주　　소 서울시 강동구 성내동 446-23 덕양빌딩 202호 (우: 134-033)
대표전화 (02)479-0023
팩　　스 (02)479-0537
E-mail assabooks@naver.com
블 로 그 http://blog.naver.com/assabooks

Korean Translation Copyright ⓒ 2011 by Beautiful Society Publishing Co.
Printed & Manufactured in Seoul, Korea

이 책의 한국어판 저작권은 도서출판 아름다운사회에 있습니다.
저작권법에 의하여 한국 내에서 보호를 받는 저작물이므로
무단전재와 복제를 금합니다.

ISBN : 978-89-5793-175-2　　03320
값 8,000원

잘못된 책은 교환해 드립니다.